はじめに

　ここ数年、営業と営業マネジメントが注目されています。私自身、思わぬ企業や団体から、営業や営業マネジメントに関わるご相談をいただくことが多くなりました。

　理由はいくつか考えられます。買い手市場になったこと、商品・製品の差が小さくなったこと、そして営業に対する認識が変わったことではないでしょうか。

　これまで「営業する必要はない」と思い込んでいた業種や企業で、否が応でも営業する必要が生じてきました。簡単に言えば、市場に買い手が少なくなったのです。買い手と同じように売り手が減れば問題はありません。しかし、買い手が減ったほどには売り手は減っていません。結果として競争が激しくなっているのです。

　戦後の日本では、いわゆる団塊の世代があらゆる産業を旺盛な購買力で育ててきました。赤ん坊のときにはベビー用品。成長するにつれ、学校、学用品、学習塾、衣・食・住、自動車、住宅、家電、保険、娯楽、何もかもです。しかし、その大きな塊はすでに消費市場から半分退出しようとしています。したがって、この傾向はまだまだ続き、競争はさらに熾烈になっていくでしょう。

もう一つは、どこの商品にもあまり大きな差はなくなったことです。かつては「商品力」と言われましたが、今ではその言葉すら耳にする機会が少なくなりました。典型的な例が、自動車、保険、家電、住宅、金融、旅行、食品、衣料品、人材派遣など、どれもそうです。特徴が際立っている製品やサービスはあまり目にしなくなりました。

しかし、それでもどの業界にも営業または販売成績の良い人とそうでない人がいることも事実です。多くの企業が口をそろえて言うように、「人」で差がつくのです。つまり商品を売る、あるいはサービスを提供する人の能力の差が企業収益の差になっているのです。

さらには、営業という職種が、これまで技術として認識されてこなかったという歴史もあります。学校においても、工業科、商業科という括りはあっても、営業科はありません。ビジネス専門学校にすら「営業」を専門に教えるところがないのです。恐らく「営業」という専門科目すらないでしょう。太古の昔からありながら、営業はないがしろにされてきたのです。

企業内においても、営業を専門に教える部署を持つ企業は少ないと言えます。少数の化粧品会社や保険会社では専門部署を持っていますが、多くの企業では、未だに「上司から部下へ」「先輩から後輩へ」と暗黙知のままで伝えられています。決まった型もないために、その伝承の過程で、様々に変化します。流派と言えるものならまだしも、ほとんどは個人技で、一人か二人の強者がいれば勝敗の大勢を決められる、昔の戦のような様相です。

しかしながら、本書でこれから繰り返し述べますように、マネジャーは目標を達成するために、あるいは部下が目標を達成する確率を上げるために、部下に正しい行動をとらせることが求められます。そして、複数の部下がチームとして揃って成果をあげるには、個人技にゆだねておくわけにはいきません。営業の型を作り、「何が正しい行動か」を組織に定着させることで、より高い確率で組織全体が成果をあげられるようにすることが必須です。

しかし、そうは言っても、営業の現場では結局は個人戦になることが多いと言えます。したがって、営業パーソン一人ひとりの力量がものを言うことも否めません。型を身につけた営業パーソンが、さらに個人技を究めることも重要なことです。マネジャーの指導によって基本の型を身につけ、個人の工夫と努力で一騎当千の強者に育つ。その強者をマネジャーがリーダーシップによって大きな力に結集する。それが理想の営業チームのあり方だと思います。

私自身、長い間営業マネジャーの職にありました。そして、自分自身がプレイヤーとして成果をあげる高揚感も、部下を動かして成果をあげることの興奮も味わってきました。営業と営業マネジャー以外の職種に就いたことがないので、その他の仕事の楽しさはわかりません。しかし、営業と営業マネジメントとは、成果が目視できる点で間違いなく胸躍る仕事だと断言できます。

本書は、この高揚感、興奮を一人でも多くの方々に体感していただき、とりこになっていただきたいという切なる思いで執筆しました。本書が、その一点において、みなさまのお役に立てることを願ってやみません。

長田周三

2012年4月吉日

目次

第2章 部下を育てる

第3章　部下とよい関係を築く

第4章 部下のモチベーション（やる気）を引き出す

第5章 コミュニケーションに強くなる

第6章　部下を指導・育成する

第7章　営業マネジャーのコーチング

装丁 田中正人
本文組版&図表作成 横内俊彦

序章

営業マネジャーに必要なスキル

【イントロダクション】

営業パーソンの時代には優秀な成績をあげていたのに、営業マネジャーになった途端に精彩を欠く人を見たことはありませんか。決して珍しいことではありません。どこにでもあることです。では、なぜ、そんなことが起きるのでしょうか。

それは、営業パーソンと営業マネジャーでは、貢献のありようも違えば、求められる成果も違うことに気づかないからです。うすうす気づいてはいても、何をすればいいかわからない人も多いようです。それでは、営業パーソンと営業マネジャーはどこが違うのでしょう？

営業パーソンにとっては、〝自分が業績をあげること〟が最大の成果です。しかし、営業マネジャーになると、〝部下をチームにまとめあげること〟〝部下が成果をあげること〟〝部下が成長すること〟が重要な成果です。なすべきことは、〝部下の仕事の進捗を管理する〟ことと〝部下を指導・育成する〟ことです。

営業マネジャーは部下を持っています。つまり上司です。したがって、営業マネジャーには営業のスキルだけでなく、上司としての能力やスキルが必要なのです。それがこれからご紹介するマネジメント能力とリーダーシップです。

図１　営業マネジャーに必要なスキル

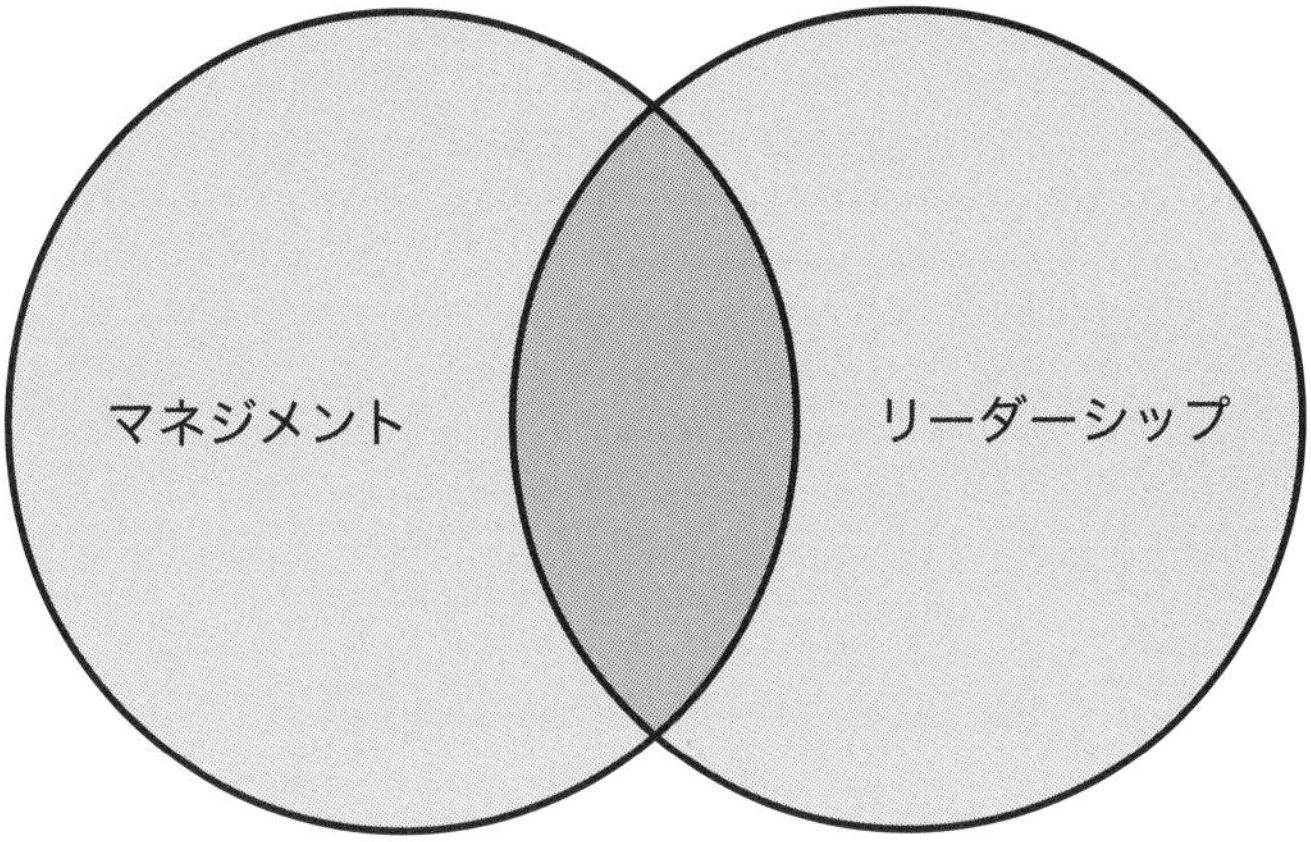

（1）マネジメント能力

マネジメントとは、一言で表せば〝何とかすること〟。つまり、マネジャーとは部下を動かして〝何とかする〟人です。具体的には、チームの目標と部下の目標を明確に設定し、その目標達成のための戦略と実行計画を立て、それが確実に行われるように管理することです。

考えるべきことは４つです。①目標を立てる→②達成のための戦略を立てる→③計画を立てる→④管理する、です。この順番に行います。

1　目標を立てる

マネジャーが立てるべき目標は、主として成果の目標（その目標を達成することが、数値目

図２　管理職（マネジャー）の仕事

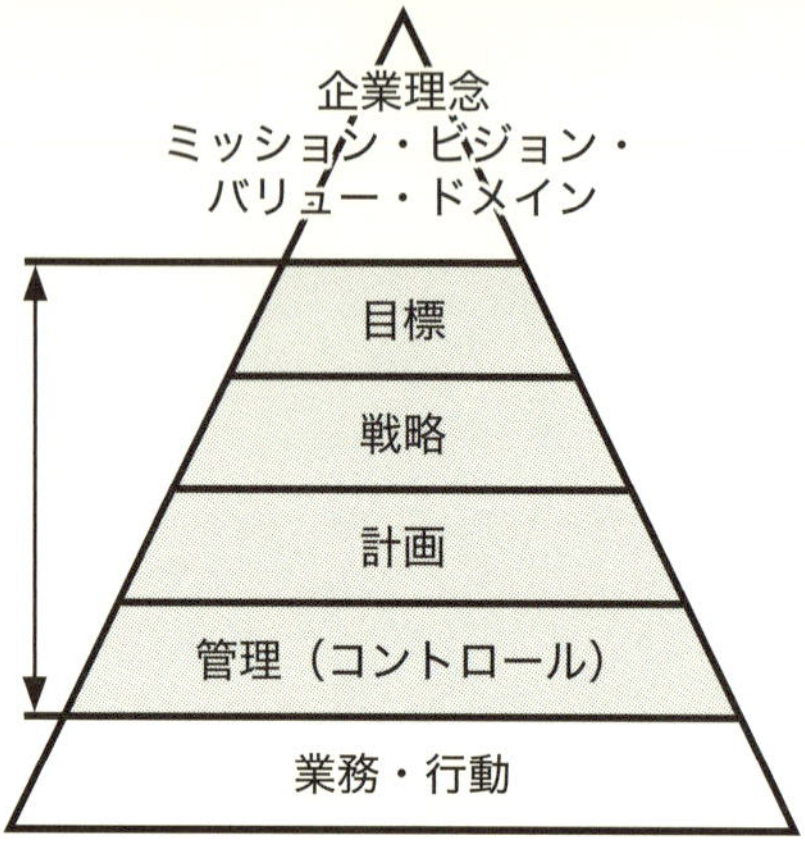

標の達成につながるもの）です。バランスト・スコアカードのＫＧＩ（重要目標達成指標）やＫＰＩ（重要業績評価指標）に当たるもので、マネジャーに適切な成果の目標を立てる能力があれば、数値目標達成の確率は向上します。

目標には、営業部門なら営業利益や売上などの〝財務的〟（お金で測れる）なものと〝契約数・顧客維持率〟などお金で測れないものがあります。その中にも、〝定量化（数字で表すこと）ができるもの〟と、〝達成イメージで表す〟ものがあります。

目標には、大きく分けて、以下の３つがあります。

①営業利益や売上高など「財務上の目標」

②市場シェアや顧客維持率、成約率、リピート率など営業上の「成果の目標」

図3　目標を設定する

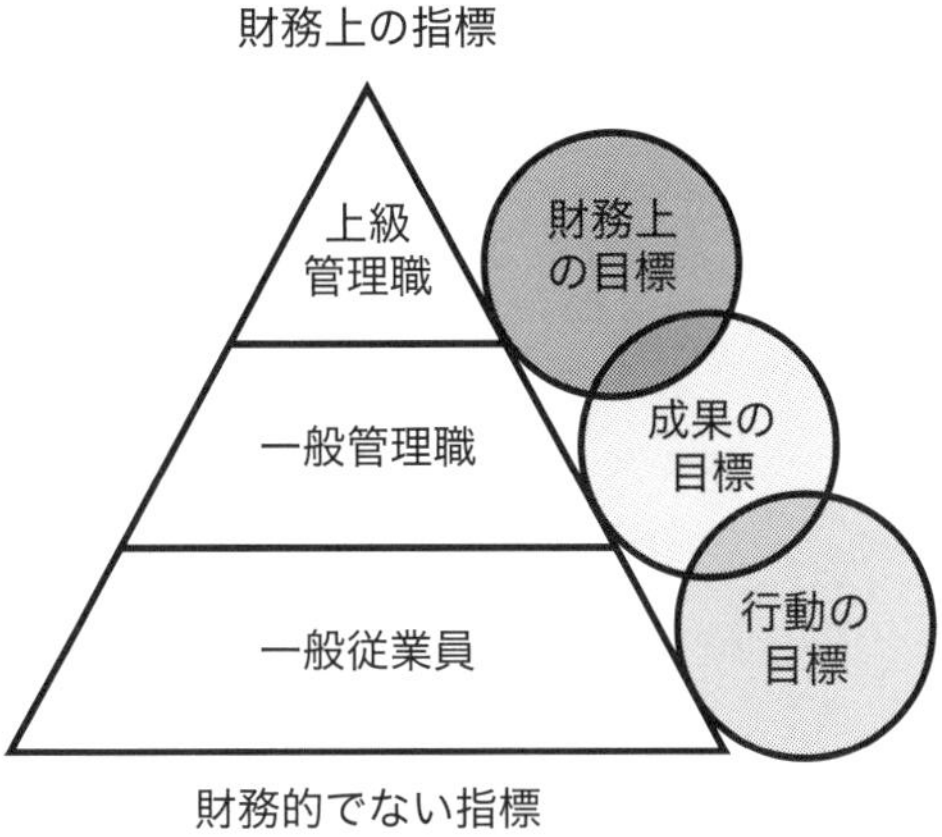

③電話件数、訪問頻度、応札率、商談カバー率など「行動の目標」

上級管理職は、主として営業利益や経常利益など財務上の目標に責任を負います。中間管理職は、主として、顧客数や稼働率など、活動上の成果と一部の財務上の目標に責任を負います。一般従業員は、主として成果の一部と訪問件数や、見積提出件数などの行動に責任を負います。目標は、組織の行動を意味あるものにするために重要です。売上が伸びない中で営業利益を伸ばす目標を立てれば、経費を節減することは意味があります。また、その場合にマーケティングコストをかけることには意味がありません。

顧客数を増やす目標を立てたとすれば、新規顧客を獲得することや既存顧客を維持することには意味があります。しかし、売上を確保するために客単価を上げる目標を立てれば、新規顧客をとろうとする行動に意味はありません。目標があることで、部下の行動が正しいかどうかも判断できます。管理とは、部下に正しい行動をとらせることですが、普遍的に正しい行動などありません。目標に向かう行動が正しくて、そうでない行動は間違いです。つまり、管理するには目標が必要なのです。

たとえば、新規顧客を毎月10軒獲得する目標を立てたとします。打率が1割であったなら、毎月１００軒新規顧客を訪問することが正しい行動です。50軒訪問すれば、正しくても行動量が不足です。既存顧客を訪問すれば、行動そのものが間違っています。机について作業をしているなど、言語道断、話しにもなりません。

成功か失敗かを見分けるにも、目標は必要です。前記の場合、1週間経って1軒しか獲得していなければ、失敗しつつあります。2週間で2軒ならなおさらです。成功の見込みは薄いと言えます。1カ月で8軒になっても、失敗です。成功は10軒以上です。

2　戦略を立てる

「戦略は捨てることなり」と言われます。「戦略は選択である」とも言われます。戦略を立てるときに重要なことは、トレードオフ（二律背反）を理解することです。「何かをとるためには、何かを捨てなければならない」。この考えはマネジメントにおいてきわめて重要です。

戦略を立てるときには、たくさんの選択肢の中から選ばなければなりません。「戦略＝選択」です。たった1つの思いつきに飛びつく愚を犯してはなりません。たった1つの思いつきを行うか行わないか迷う。これも同じく愚行です。

思いついたことをすべて行うのも〝戦略的〟ではありません。〝幕の内弁当〟は賑やかなだけで特徴はありません。戦略には明確な特徴がなければなりません。そのために捨てるべきものを捨てて、狙いを明確にするのです。

何を選ぶかを考えるとき、自分の強みを知ることが必要です。一番得意な方法、最も勝てそうな方法を選ばなければなりません。そこに持てるものをすべて投入します。中途半端に分散すると、そのどれでも勝てなくなります。

組織の目標を達成するためには、①資源を振り分けて、②活動や機能を指示すること、です。

(1) 資源を振り分ける

資源を振り分けるとは、誰をどの業務に充てるか、営業パーソンは何に時間を使うべきか、予算は何に使うか、を決めることです。どのセグメントのお客に行くか、行かないか。どのカテゴリーの商品を売るか、売らないか。どの催事をするか、しないか、です。

たとえば、「業務はアシスタントに任せなさい」「新規顧客開拓に重点的に取り組みなさい」

「埋蔵量（ポテンシャル）の大きい顧客に時間を使いなさい」「広告をカットして営業パーソンを増やします」「夜の接待は禁止します」「予算はDMに使います」などと明確に決めます。

(2) 活動や機能を指示する

活動や機能を指示するとは、さらに具体的に行動の基準を決めることです。たとえば、「毎日10軒の新規客を訪問する」「Aランクの客は毎週訪問する」「DMはすべての潜在顧客に毎月送りなさい」とすべきことを明確に示します。

3 計画を立てる

計画を立てるにあたって、忘れてはならないことが2つだけあります。

① 年間→月間→週間→1日の順に、長期から短期へと分解すること

1日を365回繰り返しても1年にはなりません、365回の1日があるだけです。

② 成果（アウトプット）と行動（インプット）の計画を立てる

仕事の進捗を管理するには、この両方が欠かせないものです。

4 管理する

管理とは一般に考えられているように締め付けることではありません。〝目標達成の確率を上げるために〟に行うものです。仕事に限らず、何をするにしても100%うまく行くことなどありませんし、その逆もありません。

この確率は概ね0%から100%までの間のどこかに落ち着くものです。それを100%に限りなく近づけること、それが管理です。マネジャーの管理能力が高ければ、100%に近づく可能性が高くなります。確率と言えば、野球を思い出します。勝率が5割5分ならチームは優勝、4割5分なら最下位もありえます。監督の能力が問われます。

繰り返しますが、マネジメントとは、〝何とかする〟ことです。すなわち、逃げない、言い訳しない、責任を持つ、ことです。したがって、特に営業活動における管理にフォーカスしてみれば、マネジャーが具体的に行うことは、部下に計画通りに行動させることです。

「行くべきところ」に、「行くべきときに」、「行くべき頻度」で訪問して、「なすべきこと」を、「なすべきよう」に行うように指導することです。

なぜなら、それが成果をあげ、目標を達成するための必要条件だからです。

しかし、理想の営業チームは、このような管理を必要としないことです。管理しないというのではなく、「求める成果」だけを伝えれば、あとはメンバー各自が達成方法を考えて動く、

図4　仕事の優先順位例

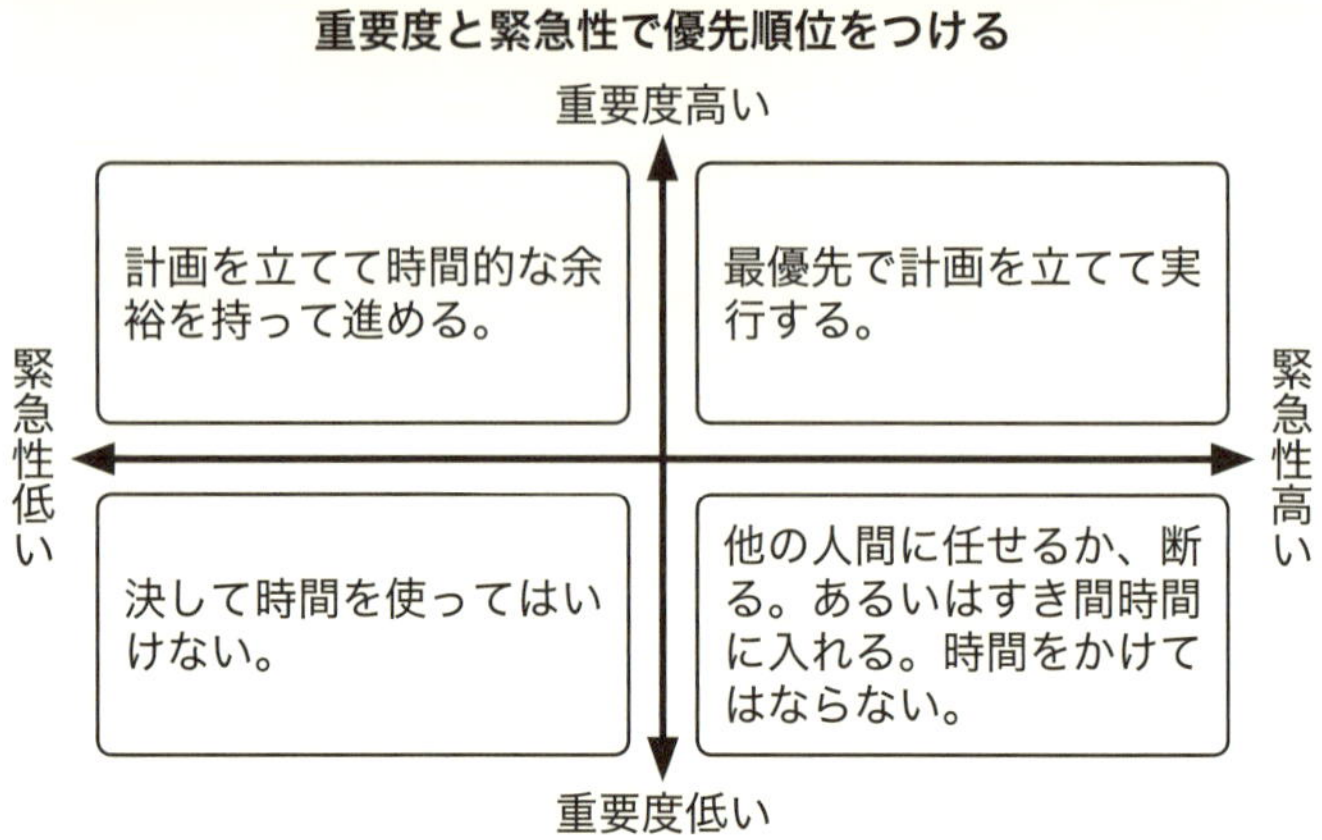
重要度と緊急性で優先順位をつける
重要度高い
重要度低い
緊急性低い
緊急性高い
計画を立てて時間的な余裕を持って進める。
最優先で計画を立てて実行する。
決して時間を使ってはいけない。
他の人間に任せるか、断る。あるいはすき間時間に入れる。時間をかけてはならない。

「成果管理」というあり方です。

ここに行きつくためには、前提として高度な管理を経験して自己管理の能力を磨くことです。

(2)優先順位をつける

営業マネジャーの仕事の優先順位はどのようにつけるべきか。これも悩ましいところです。それができていないマネジャーが多いことに驚きます。優先順位の意味さえ知りません。「優」という字には、〝より重要な〟という意味があります。つまり、優先順位とは、「より重要なことを先に行う」ことです。決して、急ぎだからというだけの理由で、重要でないことを先に行うことではありません。

重要度、緊急性ともに高いことには、①重要顧客を訪問する、②重大な問題を解決する、③重要事項を決定する、④重要な来客に対応する、⑤緊急の重要な相談に乗る、などがあります。直接的に仕事の成果に関わる最優先事項です。

緊急性は高いが、重要度が低いものには、①予定外の突然の来客や電話、②重要ではないが急ぎの仕事、③部下の誰かが行うべきこと、④重要でない顧客への同行依頼などがあります。隙間時間に入れるか、時間をかけるべきではない事項です。

急ぎではないが、重要度が高いものには、①目標を設定する、②戦略を立てる、③部下を指導する、④仕事の仕組みを作るなどがあります。目の前の成果につながることはありません。しかし、明日の成果につながるものです。

重要度、緊急性ともに低いことには、①頻繁にメールチェックする、②SNSに頻繁に書き込む、③意味のない相手と意味のない話をする、④長電話などがあります。こんな無駄なことはありません。重要でないことに時間を費やせば、重要なことにかける時間はなくなります。時間は「有限」。忘れてはなりません。

(3)リーダーシップ

最後に、上司のもう一つの仕事、リーダーシップについてです。毎年たくさんのビジネス書籍や雑誌で取り上げられるテーマです。他にも「シップ」がつく言葉はありますが、どれも能力や技術・技能ではなく、すべて「精神」です。リーダーシップも精神、私には「覚悟」という言葉が一番しっくりきます。

『最高のリーダー、マネジャーがいつも考えているたったひとつのこと』（日本経済新聞出版社）の著者マーカス・バッキンガムによれば、リーダーシップに関して具体的に行うことは、〝今より良い未来を示すこと〟、つまりビジョンを描いて見せることです。そして、部下たちに影響を与え、その方向に向かって動かすこと、達成に向けて部下をやる気にさせることです。

これを上司と部下の関係に置き換えます。上司が部下に影響を与えて動かすには、職責上の権限や決裁権、評価の権限だけでは不十分です。むしろ、それ以外の個人的魅力、すなわち「あの人の下で働きたい」と部下が感じるものがあってこそなのです。

また、リーダーとしての上司の重要な役割に、「意思決定」があります。〝未来のために今、何かを決めること〟です。「今より良い未来」に向かうには欠かせないことです。「どちらの道を行くか？」「行くか、戻るか」「何を始めるか、何を止めるか」など、日々、意思決定の連続です。

未来のために決めるのですから、決定の時点で結果に確信はありません。期待した結果にならないこともあります。そのリスクもすべて引き受ける覚悟が必要です。

必要な情報がすべて揃っていることも稀です。不確定で不十分な情報しかないことが多いでしょう。しかし、それでも意思決定しなくてはなりません。リーダーの覚悟が問われるところです。

01

上司の本分は、自分以外の人たちをチームにまとめ上げ、彼らを動かして成果をあげること

「智《ち》に働けば角《かど》が立つ。情に棹《さお》させば流される。意地を通せば窮屈だ。とかくに人の世は住みにくい。住みにくさが高じると、安い所へ引き越したくなる」

これは夏目漱石の名作『草枕』の冒頭の一節です。

これなど上司の直面する問題をよくあらわしていますね。理屈ばかり言ったのでは部下に聞いてもらえないばかりか、「頭でっかちのうるさい上司」とばかりに煙たがられるのが関の山です。みなさんにもこんな経験があるでしょう。どこにもいる手合いです。

反対にあまりに情が濃いと、これまた上司としてはうまくいきません。あっちを立てればこっちが立たず。何とかしてやりたい気持ちに足をとられて立ち往生です。結局皆から責められて居たたまれなくなり、次第に心を歪めてしまうのです。

上と下に挟まれて、上に対しても下に対しても、程よいところで折り合いをつけなければ、結局何も進めることができない。「思い通りに動かせるぞ」などと思い描いた姿とはまったく

違っていて、どちらにも遠慮しながら窮屈な毎日を過ごす。

「とかく管理職の世は住みにくい、とかく上司はやりにくい」。本当にそう思います。私も営業マネジャーとして働いていたとき、これと同じことに何度も悩まされたものです。

しかし、上司たるもの、本分を見失ってはいけません。本来のあり方に立ち返ることです。それは自分以外の人たちをチームにまとめ上げ、彼らを動かして成果をあげること。営業マネジャーであるなら、営業利益や売上を伸ばし、顧客を増やし、お客様によりたくさん買っていただくことです。

そして、部下をチームとして動かすには、自分の思い通りにしようなどと考えず、①共通の目標を明確に定めること、②メンバー一人ひとりの強みを活かす役割を与えること、③各自の主体性を最大限に尊重すること、です。

02

青い鳥を追いかけてはいけない。捉え方を変えればどんなことも楽しめる

上司というのは大変な仕事です。うまくできて当たり前、部下の仕事も含めて出来が悪ければ上司の責任です。それなのに、部下は言うことを聞かないし、上からは無理難題が降ってくる。

私にもそんな時期がありました。30代で仕事の成果をあげて、40前から次第に責任が増す。福岡で仕事もヨットも楽しもうという意思に反して、東京に転勤、さらにその後は大阪にも。慣れない土地で一人暮らしをし、馴染みのない手強い部下を動かすのはストレスです。

そんなとき、視点を変えてくれたのが次の言葉です。

「おもしろき　こともなき世を　おもしろく　住みなすものは　心なりけり」

私が敬愛する幕末の志士、高杉晋作の辞世の歌です。上の句を詠んだところで息を引きとった後、下の句を野村望東尼《もとに》が詠んだとされています。

部下を持った人が陥る誤解には、次のようなものがあります。

①上司になれば誰にも遠慮はいらない、思い通りに部下を動かせるはずだ。
②職務上の権威と権限さえあれば、人は自分の言うことを聞くものだ。
③上司の仕事は、部下を思い通りに統制し、動かすことで成果をあげることだ。
④自分の役割は、チームのメンバー一人ひとりと人間関係を築くことだ。
⑤自分の責任は、円滑に業務運営することだ。

実際はなかなかこうはいきません。こんな幻想を持っていると思い通りにいかないことが多く、ストレスは増すばかり。私も何度も味わいました。仕事を放り出したくなることもしばしば。でも、それはできません。そうであれば、こんな風に考え方を変えてみればいかがでしょう。

①上司になれば、自分の成果は部下の働き如何、部下を育てて頼りにしよう。
②周囲の人たちを動かすためには、彼らの信頼を得ること、人は人格と誠意で動くものだ。
③成果をあげるためには、周囲の人たち、とりわけ部下がやる気になることが一番だ。
④自分の役割は、部下が成果をあげやすくするために、全体を調整することだ。
⑤自分の責任は、業績を最大化するために、常に新しい方法を考えることだ。

部下を従わせるのではなく、チームメンバーとしての立場を尊重し、彼らがやる気を出して働きやすいようにしよう。彼らから信頼されるように誠実でいよう。私がこの立場にいられるのも彼らのおかげなのだから。住みなすものは心なりけり、です。

第1章

強い営業チームを作る

#【イントロダクション】

(1)強い営業チームの条件

「チーム」という言葉はよく耳にします。その条件は何でしょうか。定義は様々にありますが、①明確な目的を持っていること、②構成メンバーがそれぞれに強みと役割を持っていること、③指揮をとるリーダーがいることです。

映画でもよく扱われています。古くは『荒野の七人』(ユル・ブリンナー、スティーブ・マックイーン)、『黄金の七人』(ロッサナ・ポデスタ)。比較的新しいものでは、『オーシャンズ11』～『オーシャンズ13』(ジョージ・クルーニー、ブラッド・ピット)。メンバーはみな、一癖も二癖もあるユニークな顔ぶれです。

私が最初の営業の仕事に就いたのが40年近く前。その頃と今の営業パーソンを比べると、ほとんど変わりがないように見えます。知識は増えて、理屈は知っている。だけど、やっていることは変わり映えしない。クルマや洋服の基本構造が変わらないのと同じです。多くの企業で

図５　強い営業チームの条件

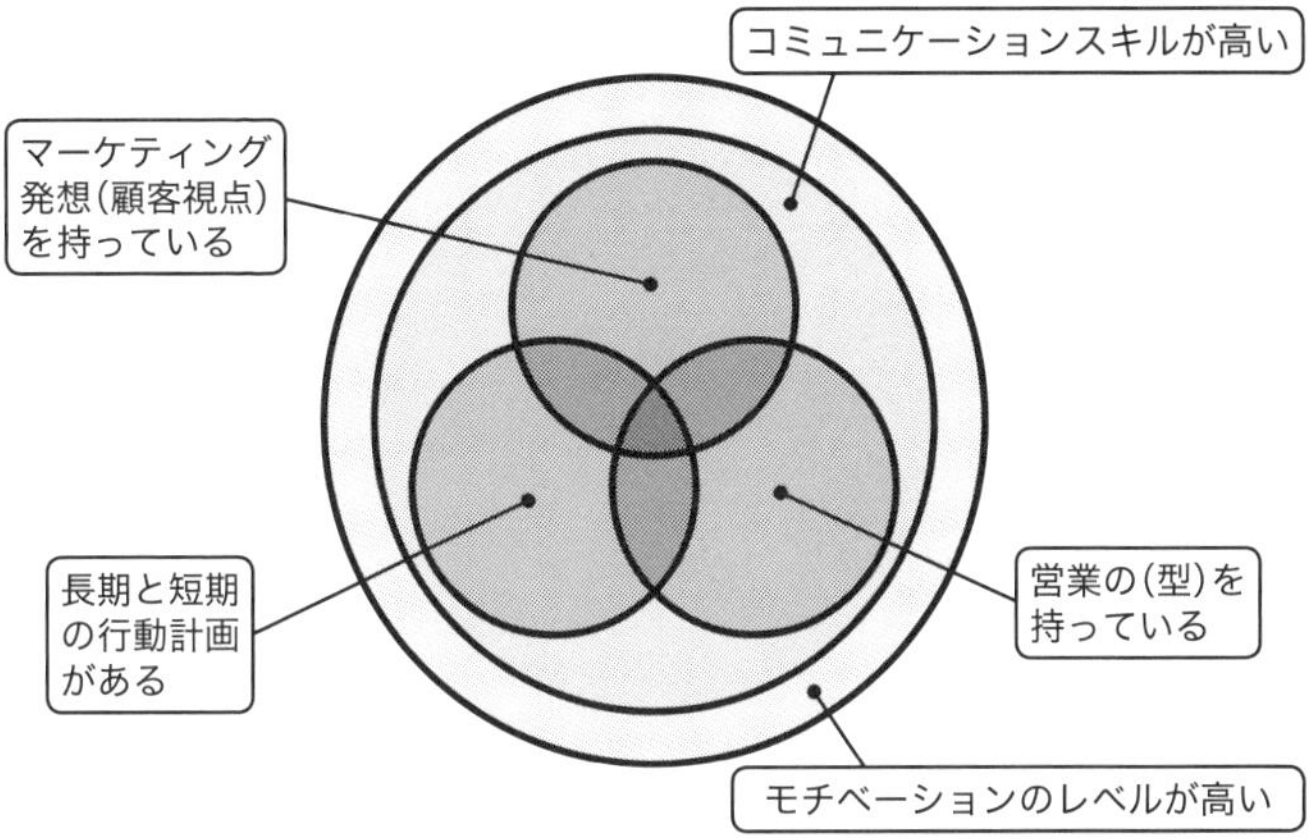

は、営業がソロプレイヤーの集まりになっているか、金太郎アメのどちらかです。チームと呼べるような機能を持ち得ていないようです。

強い営業チームに共通する条件は、①マーケティング発想を持っている、②練り上げた営業の型を持っている、③長期と短期の行動計画がある、④コミュニケーションスキルが高い、⑤モチベーション（やる気）のレベルが高い、ことです。

提案型営業、解決型営業、みんな同じ。基本はマーケティング発想です。マーケティングは「あったらいいなをカタチにする」（※小林製薬のキャッチコピー）こと、営業は「あったらいいなをテイアンする」ことです。

強い営業チームとは、継続的に成果をあげる人によって構成されます。時々成功するのではなく、コンスタントに成果をあげる人です。大事なことは〝ファンづくり〟ができること、〝あなたから買いたい〟というお客様をたくさん持っていることです。

消費者の購買プロセスを説明する「AMTULの法則」のうち、Lはロイヤルユーザー、つまりファンのことです。継続的に成果をあげるために一番ありがたいお客様です。利用頻度が高い、購入する品数が多い、高額商品を買ってくれる、お客様を紹介してくれる、まことにありがたい限りです。

そんなお客様に、生涯にわたっておつきあいいただくことができれば最高です。今年だけでなく、来年も、再来年も、末永く続く関係です。毎回新しいお客様を見つけることに比べて、コストもかからず、取引もスムーズです。

(2) 営業の型を作る

強い営業チームであるためには、一人ひとりが営業の型を身につけていることも重要です。何かを身につけるプロセスを「守・破・離」と言います。守は「型」を身につけること、破は「工夫」を加えること、離は「独自の型」を編み出すことです。

統計学の正規分布をご存知ですか。学力偏差値もその1つですし、いわゆる「2：6：2の

図5-2　オレ流（型破り）VS 我流（型なし）

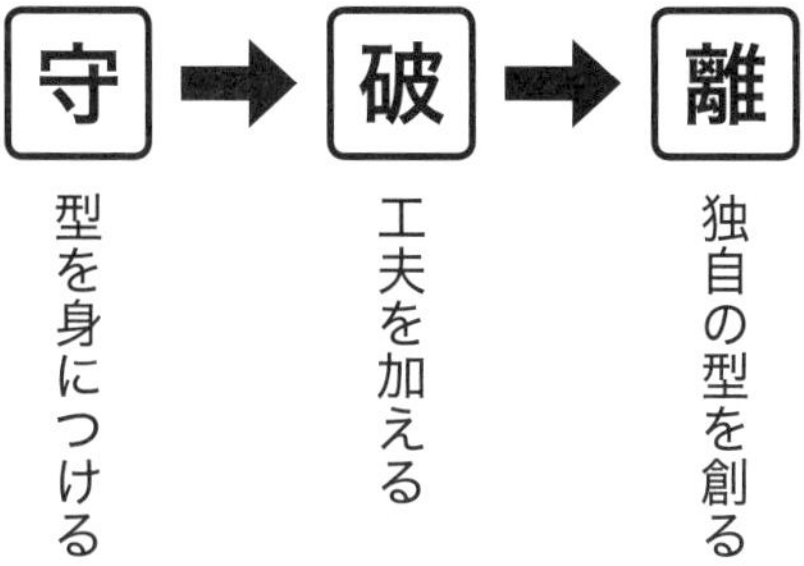

法則」のパレート分析も同じです。

　型があれば自分でできる人は100人に18人。型があって教えてもできない人は18人。残りの64人は型があってマネジャーが指導すれば身につけることができるのです。自分で型を作れる人は100人に1人です。型を営業パーソンに任せることはできません。

「全てのものにはプロセスがあり、ステップがある。適切にプロセスを踏むことで確率はあがる」（ピーター・ドラッカー著『経営者の条件』ダイヤモンド社）

　以上のプロセスで独自の型を編み出したら、それを「オレ流」と呼びます。型も身につけないまま、自分のやり方にこだわることを「我流」

図6　営業に活かすターゲティングの考え方

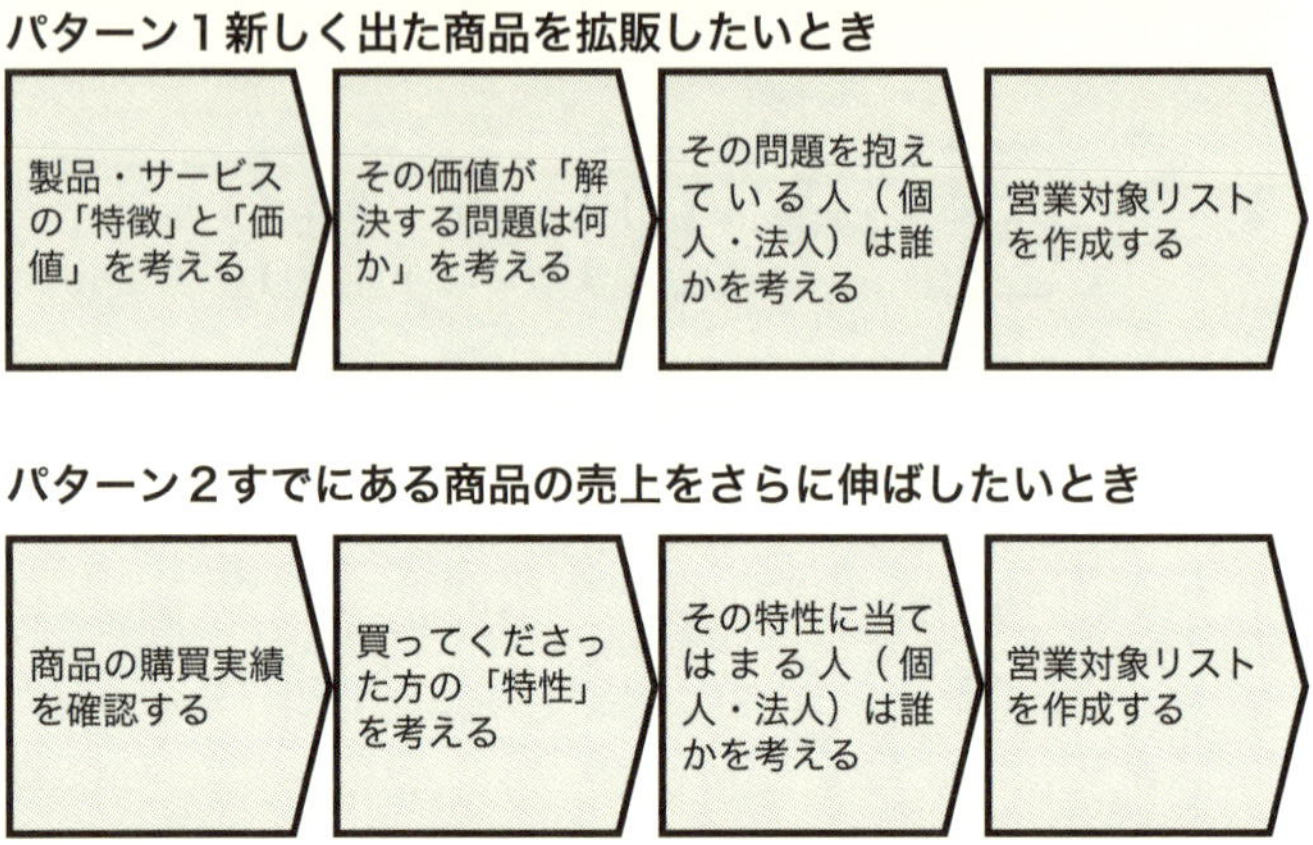
パターン1新しく出た商品を拡販したいとき
製品・サービスの「特徴」と「価値」を考える
その価値が「解決する問題は何か」を考える
その問題を抱えている人（個人・法人）は誰かを考える
営業対象リストを作成する
パターン2すでにある商品の売上をさらに伸ばしたいとき
商品の購買実績を確認する
買ってくださった方の「特性」を考える
その特性に当てはまる人（個人・法人）は誰かを考える
営業対象リストを作成する

と呼びます。似ているようで大きく違います。オレ流は一流になりますが、我流に一流はいません。オレ流が揃えば、管理が不要な、本当のチームになるのです。

私が提唱するBBモデルも営業の型です。特に提案型営業の型です。中でも比較的高額なものを販売するときに当てはまります。人が衝動的にポケットからお金を取り出して買うような種類のものには当てはまらないかもしれません。

(3)マーケティング発想を持つ

提案型の営業はターゲティングすることから始まります。ターゲティングとは、「どの市場を狙うか」ではありません。すでにある商品を売ることが仕事の営業パーソンにとっては、

「この商品は誰のために作られたものか」を考えることです。そのためには、商品が提供する「価値」を考えなくてはなりません。活用方法は次の2つがあります。

【新しく出た商品を拡販したいとき】

① 商品（製品・サービス）の特徴と提供する「価値」を考える
② その価値が「解決する問題は何か」を考える
③ その問題を抱えている人（個人・法人）は誰か考える（ターゲティング）
④ その人たちをリストにする

営業対象リストのできあがりです。

【すでにある商品の売上をさらに伸ばしたいとき】

① 商品の購買実績と提供する価値を確認する
② 買って下さった方の特性（人口動態や地理的条件など）を考える
③ その特性に当てはまる人は他に誰がいるかを考える（ターゲティング）
④ その人たちをリストにする

営業対象リストのできあがりです。

03

上司は、強さと優しさを兼ね備えることで役割を果たせる

レイモンド・チャンドラーのハードボイルド小説『ロング・グッドバイ』は、ハリウッドを舞台に活躍する私立探偵の話です。主人公フィリップ・マーロウの有名なセリフがあります。

「男は強くなければ生きていけない、優しくなければ生きていく資格がない」

聞いたことはありませんか。

最近は強くも優しくもない男が多くなりました。上司にも同じことが言えます。優しくて物わかりの良い上司が「良い上司」のように言われますが、決してそうは思いません。「部下の成果」や「部下の成長」を最大限に引き出せる上司が「良い上司」だと思っています。

上司には、「短期的な成果をあげること」が求められます。必要なときには、強く命令することもあります。部下が不適切な行動をとれば厳しく叱ります。緊急時には「○○しなさい」と命令します。リスクを恐れずに意思決定できる強さがなければ上司は務まりません。

マキャベリによれば、「どちらかしか持ち得ないならば、強さだけのほうがまだマシだ」と

言っています。

しかし、それが部下に受け入れられるには、高い能力と誠実な人柄、人を惹きつける魅力を持ち、部下の考えに根気よく耳を傾ける姿勢が必要です。そんな上司ゆえに部下は命令に従うのです。何より、部下から「この人について行きたい」という「絶大な信頼」を得ていることです。

別の項で取り上げた、ハーバード大学のジョセフ・ナイ教授が提唱する「スマートパワー」と同じことを表しています。力と権威で押しつけるハードパワーと、個人の魅力で惹きつけるソフトパワー、両方があってこそ、リーダーの役割を果たすことができるのです。

上司も同じです。強さと優しさの両方を持つことで、役割を果たせます。強さも優しさも元は同じ、上司の「自信」です。

04

周囲がどうであろうと、「自分がプリンシプルを持っているか」を考えればよい

研修の場で毎回のように受講者から出る質問です。特に企業内研修でよく訊かれることです。

「○○はこの研修を受けていますか？」

研修が必要なのは自分ではなく、上司や部下の方だとでも言いたげです。

一般職の方は「管理職の人たちにもぜひ受けてほしい内容です」と言います。中間管理職の方は「上の人にも受けてもらいたい」、あるいは「下もわかっていないといけない」と言います。そして、上級管理職の人たちは「これは社内の全員が身につけないといけない内容だ」と言います。

研修を提供する側としては、何とも「痛し、痒《かゆ》し」です。ビジネスとして考えれば需要が増えてありがたいことですが、講師としては複雑です。研修の内容をわかっていただけたような、わかっていただけなかったような、やりきれない気持ちです。

問題は、皆が「自分はできているのに、他の人たちができていない」と思っていることです。

あるいはできていないまでも、「自分（とその仲間）はわかっているけど、自分以外はわかっていない」と考えていることなのです。

他の人がどうしているのか、どうするかを考えるのです。本来考えるべきは、自分がどうしているか、自分がどうふるまうべきかです。自分がどうあるべきかだけ考え、そのようにふるまえれば良いのです。

そう言うと、決まって「自分だけがやっても意味がない」、あるいは「自分だけがそうするのは損だ」と言います。何と尻の穴が小さいこと。皆がそう考えているうちは何も変わりません。どんな高額な教育を受けたとしても、何の変化も期待できません。

自分が責任を負うべきは、自分の行動です。他の人の行動は、他の人の責任に任せておけばよいのです。「自分だけはできている」「自分だけはわかっている」という勝手な思いは捨てて、「他の人がしてもしなくても、自分は行うのだ」と考えてみませんか？

「プリンシプル」（原理原則、主義、信条）。若い頃にケンブリッジに学び、カントリー・ジェントルマンを志した白洲次郎が好んで使った言葉です。ＧＨＱをして「従順ならざる唯一の日本人」と言わしめた男、私が唯一憧れる日本人です。

05

聞くは一時の恥、聞かざるは一生の恥。自分の知らないことが多いと心得ること

「問題は知らないことではない、知っていると思うことである」

アメリカの作家マーク・トウェインの言葉です。彼は他にも名言を残しています。「私が経験した最も寒い冬は、サンフランシスコの夏だった」も好きな言葉です。サンフランシスコの北、ソーサリートの街に、彼の好んだホテルがあります。「カサ・マドロナ」、最上階からの眺めは最高です。

本題に戻ります。およそ上司というものは「過去の輝かしい実績」を持っているものです。しかし、その成功体験が固定観念につながり、新しい発想や部下の成長の妨げになると言われます。大きく分けて2つあります。成果に関わる場合と部下の感情に関わるものとがあります。

感情面の影響を考えます。〝途中で口を挟む〟〝相手の考えを否定する〟〝先回りして答えを決めつける〟ことはありませんか。〝自分は知っている〟という傲慢からです。それをあからさまに口にする上司もいます。そんな上司に、部下は〝この人に話しても仕方ない〟と感じま

す。

成果への影響として、〝間違って理解する〟こともありますし、「やっぱりそうか」と自分の思い込みを確認することもあります。部下の報告を正しく理解できないばかりか、間違った指示を出します。大切な報告を聞き逃すこともあります。意思決定に重大な問題を生じます。

思い込みは市場環境が変わったときにも問題になります。〝こうやればうまくいく〟と、昔のやり方に固執することです。環境が変われば やり方も変わります。10年くらい前に流行った本が、一昨年来また売れました。『チーズはどこに消えた』。古びた情報に縋《すが》りつく愚かさを書いています。

上司たるもの、「自分が正しい」「自分は知っている」「自分が一番」という思いをわきに置くことができると、部下との関係も部下の成果も変わるのではありませんか。

06

自分と違う考え方を受け入れる度量を持つことが、チームとしての成長につながる

他の人の言うことやすることに対して、「こいつはわかってない」「こいつは変な奴だ」と思うことはありませんか。自分たちと違うやり方を見て、「変なことをする奴だなあ」「もっと良いやり方があるだろう」などと言うことはありませんか。

日常自分たちが行っていることと違うと、「それは間違っている」「こいつはなんか変だ」と決めつけてしまうことがあります。自分や自分の周囲のすることが正しくて、それ以外のことは間違っているという傲慢な考え方です。

仕事の上でもこんな言葉をしばしば耳にします。「あの人はおかしい」「あいつのやり方は間違っている」「あいつは考え方が変だよ」などと平気で言っているのです。みなさん、そんな風に考えることはないでしょうか。チームには多面性が必要です。様々な考え方や能力を受け入れてこそ、強いチームになれるのです。

部下が自分の考えと違う発想をするからといって、「あいつの考えることはよくわからん。

宇宙人みたいなやつだ」などと言う人もいます。お客様が自分の提案を受け入れないからという理由で、「あの客はわかっていない。俺の言うことを聞かないんだよ」という人もいます。

ここで考えていただきたいのは、一体自分は何と比べて「おかしい」「間違っている」「変だ」と言っているかです。ほとんどの場合、「自分のやり方と違う」「自分の考えと違う」だけで、相手を間違っていると決めつけます。無意識に「自分が正しい」ことを前提にしているのです。

自分の考えを押し付けるのも、自分の物差しで誰かを裁くのも同じです。この習慣がある限り、部下が新しいことに挑戦して成長する機会を奪うでしょうし、何より自分自身が成長する機会を失ってしまいます。とても、もったいないことです。今から変えてみませんか。

07

本質を理解して、基本的な能力を身につければ、何事にも応用できる

私は高校、大学と体育会系のクラブに属し、その後もソフトボール、ディンギー（小型ヨット）、格闘技、エンジン付ヨット、ゴルフ、スキー、素潜り、ウェイクボードなど何でもやってみました。

そんなときに感じたのが、基礎体力と筋力、反射神経などの基本的な運動能力の必要性です。上司の部下指導も同じで、基礎と技術の両方が必要です。基礎は「態度・姿勢」(attitude)、つまり部下との向き合い方、技術は「技能」(skills)、つまり何ができるかです。

一般に階層別研修などでも、上司（課長や部長）として必要な技能や技術に焦点を当てる場合が多いようです。つまり、「何ができることが必要か」にです。しかし、実際の指導の場面に必要なのは、とってつけたような技能ではありません。上司の態度がもっと重要です。

知識・技能であれば、社会・業界・自社の知識、業種・職種ごとの専門技能、教え方の技術、そしてコミュニケーション能力など、一定のレベルが必要なことは言うまでもありません。知

識や技能が不十分な上司から「教えてもらいたい」と思う部下はまずいないでしょう。

態度は基礎体力です。何と言っても「固定観念」を持たないこと、「自分が正しい」という傲慢さを捨てること、「成功体験」を忘れること、「強み」を見ること、「未来志向」であることです。これができれば、自分の成長にも、部下を理解することにもつながります。

そして、「挑戦する」姿勢を持つこと、自身が「成長」し続けること、「自己管理」できていること、部下の成長に「嫉妬」しないこと、部下の「成長」を本気で支援すること、部下の言葉に真摯に「耳を傾ける」ことなど、自他の「成長」に強い関心を持つことです。

こんな態度や姿勢を持った上司になら、相談したりアドバイスをもらったりしたくなりますよね。部下を指導する立場にあるみなさん、まずは好ましい態度や姿勢を身につけるところから始めませんか。

08

目に見える変化を感じる人だけが、目に見えないものを感じることができる

2010年夏の甲子園で優勝した沖縄興南高校野球部の我喜屋《がきや》優《まさる》監督は、毎朝部員が散歩をするときに、何か変化に気づいてくるという課題を与えるそうです。日々それを繰り返すなかで感じる心が磨かれ、研ぎ澄まされ、それがゲームで活きるといいます。

営業でも、クルマの運転でも同じことです。うまい人は技術が優れているだけではありません。周囲の変化を読んで、それに合わせて素早く自分の行動を変えることができます。私も大学の自動車部でラリーをしていたころは、「前3台、後ろ2台、左右1台を見て走れ。動きを早めに感じろ」と言われました。

「スキル」という言葉にこだわり、スキルばかりを重視する人がいます。これも「観察するスキル」などというのでしょうか。私は自分以外のものに対する瑞々しい「感受性」や「関心」「好奇心」だと言います。これが優秀な指導者の資質だと思います。

たとえば、電話で指導するとき、相手の声のトーンの微妙な変化や質問に対する反応のタイ

ミング、言葉の選び方などから感情の起伏を感じ取ります。また、対面で指導するときでも、相手の表情の微妙な変化は言葉よりも雄弁に語りかけてくれます。

かつて営業マネジャーだったころ、部下に質問して、返ってきた答えに違和感を感じることがありました。「何がおかしい」とはっきり言えるわけではないのですが、どこかに何か不具合があるのです。エクセルの表に並んだ数字に、「これは変だな」と感じることもありました。

相手は生身の人間です。「公式どおりにやっているから間違いがない」「マニュアルのとおりにやれば同じ結果が出る」というものではありません。これを「非構造的問題」と言います。サービスがマニュアル化できないように、おいしい料理がマニュアルでは作れないように、部下指導もマニュアル化できません。

09

小さな変化は、新しいことが起きる兆し。これを見逃すマネジャーは迂闊

部下指導においても、部下の変化に気づくことが重要です。表情の変化、声、間、語調、話し方、顔色、服装、態度、言葉遣い、仕草、メールへの返事のタイムラグ。こんな様々な変化を感じることもコミュニケーションなのです。

ドラッカーも『すでに起こった未来』（ダイヤモンド社）の中で書いていますが、何かがいつもと違うと気づく、これが未来を予測するために必要なことです。いつもと異なる何かの出来事は、それに続いて新たに起きることを教えているからです。

何かに気づくために、必要なことが2つあります。1つは「関心」を持つことです。部下の変化に気づくには、部下に対して強い関心を抱いていることが必要条件です。もう1つは、「観察眼」を身につけていることです。

1つ目の「関心」の大切さは、マザー・テレサの言葉、「愛の反対は憎しみではない、無関心である」が表しています。部下の指導には、前提として愛情が必要です。それに応えて成長

していくのです。部下の成果や変化に関心がない上司の指導で、部下に成長は期待できません。

大切な人に関心を持ってもらえないことほど、辛いものはありません。別の項で書いた映画『マイ・フェア・レディ』で家出した主人公イライザが、迎えに来てなお苛立つヒギンズに言います。「あなたは私を無視した。何よりそれが許せないの」と。この言葉の意味はおわかりでしょう。

一度でも恋愛を経験した方ならわかっていただけると思いますが、好きになった相手の一挙手一投足、小さな一言、表情の変化までが気になって仕方なかったのではありませんか。上司は部下に対して同じくらいの関心を持つことです。大事な人ですから。

２つ目の「観察眼」とは、持っているようで意外にないものです。身の周りの様々な変化に、気づく人は少ないようです。理由は簡単。自分が見たいと思うもの以外は、網膜には映っても見えていないのです。旅行に行ってカメラやビデオばかりのぞいている人がいるでしょう。それと同じです。

部下を指導するなら、まず部下に関心を持つことです。間近に観察し、些細な変化も見逃さないことです。一人ひとりの部下に目を配り、何か変化がないかを見るようにしてみませんか。

10

わかっていると思う人ほどわかっていないもの。自分がわかっていないことさえ知らないのだから

私にもかつて憶えがあります。苦い記憶です。いつも快活で、笑顔が絶えず、何の屈託もないと思っていた部下が、ある日突然「お時間いただけますか。お話したいことがあるんです」と切り出します。

背中を冷たい汗が流れて行くのを感じます。何か嫌なことが起こりそうな気配を感じたときのあの感触です。みなさんには記憶はないでしょうか。「まさか、そんなはずはないよな」と打ち消しながら、心のどこかでは「そう言えば……」と記憶を辿ります。

そんなときにいつも思うことは、「何かサインを見落としていなかっただろうか」とか、「そう言えば、あのとき何か話したそうだったな」など。でも、時すでに遅し。そう言ってきたときには、もう本人の心は固まっています。

上司になる人は、平均的に他の人より少しだけ仕事ができるようです。あるいは、少しだけ人より成果を残してきた人が多いようです。それだけに、良きにつけ、悪しきにつけ、自身を

恃《たの》むところが強いのです。

その分、部下に対しても、「自分はわかっている」という気持ちになりがちです。そして、部下もそれをわかっているはずと思ってしまうようです。そこに落とし穴が潜んでいます。「わかっている」という過信、「わかってもらえている」という過信です。

そんなことにならないために、何か変化を感じたら、時を置かずに感じたことを伝えるようにしませんか。「ちょっと顔色が優れないようだね」「体調が悪いのかい」「声に元気がないようだね」など、感じたままを伝えます。

伝える内容もさることながら、「見てくれていた」「気にかけてくれている」と感じることだけで、部下との間の距離は縮まります。そして、部下が抱えている問題に早く気づくことにもつながります。問題は発見が早いほど、解決できる可能性も高くなります。

11

管理の目的は目標達成の確率を上げること。上司の行動はこの目的に適っていなければならない

地元の有力企業の話です。営業パーソンの活動報告が正確であるか確かめるために、営業部長が部下の訪問先を地図上で調べて距離を測り、走行距離と比較して差異を見つけ、営業パーソンを責めていました。その部長はそれを得意げに話すのです。あまりにもお粗末で、可哀想になったことを憶えています。

管理とは一体「何のため」に「何を」することでしょう。これに明快にお答えになる方は多くはありません。管理者ですから日常の業務として行っているはずですが、目的もやるべきこともわかっていないとすれば問題です。

管理は何のために行うのか。これを簡単な言葉で表したものに「目標達成の確率を上げるため」があります。この表現ほどしっくりきたものはありません。

そう考えるとわかることがあります。たとえば、走行距離を調べて責めることが正しい管理のあり方なのか。数字の未達を責めたり、弱みをとがめることはどうでしょうか。どれも目的

にかないません。つまり、管理のあり方として下策です。

管理とは具体的に何をすることかを一言で表せば、部下に正しい行動をさせることです。何が正しい行動か、それは計画したことを計画したとおりに実行することです。つまり、管理とは部下に計画通りに仕事を進めさせることです。それが営業マネジャーの仕事です。

計画には「成果」と「行動」の計画があると言いました。「行動」は計画通りに実行されているか、その結果としての「成果」は計画通りに出ているか。もし、途中経過で行動に対して成果が不足しているなら、手遅れにならないうちに行動を変えさせます。

それをできる限りプロアクティブ（前もって）に行うことです。翌月の行動計画は、翌週の行動計画は求める成果を出すために適切かつ十分かを問います。適切でないと思うなら、何が適切かを伝えます。十分でないと思うなら、十分な行動を要求します。

そうし続けたからと言って１００％目標を達成するということではありません。しなかったからと言って０％になるわけでももちろんありません。達成の確率がたとえば５％変わるだけです。そして、この上下５％の差が勝率５割５分と４割５分のチーム、つまり致命的な差になるのです。

12

部下に短期的、長期的に成果を約束できるのが優秀な営業マネジャー

営業マネジャーにとって部下指導の目的は、２つあります。１つは「管理」するためであり、もう1つは「育成」するためです。このどちらが欠けても十分とは言えません。両方の機能を備えて初めて役に立つのです。

かつての私は、管理に力点を置いて、部下の成長に関心を払っていませんでした。意識的にではなく、「自分の手足が増えて、より大きな成果をあげられる」と思っていました。それが自分の役割だと信じ、成果をあげ続けることに満足し、それが最大の貢献だと思っていました。

それが必ずしも正しくなかったと理解したのは、ずっと後になってです。未熟な上司でした。マネジャーである以上、短期的な成果だけでなく、長期にわたる継続的な成果にも責任を負うからです。この両方を実現したとき、〝良いマネジャー〟であり、〝良い指導者〟と言えるのです。

「管理」の目的は、〝目標達成の確率を上げること〟で、条件は部下が〝やるべきことは何

か〞を理解していることです。そのためには、指導するマネジャーのビジネススキル、特に目標の設定能力と営業に関わるフレームワークの知識が欠かせません。

短期的な成果を約束するためには、上司は部下が答えを求めたときには、「自分の考え」を明確に言うことができなければなりませんし、上司としての「答え」が必要なときには、自信を持って命令しなくてはならないからです。

一方で、長期的・継続的に成果を出せるように成長させるには、命令でなく、部下が考えて自分で答えを得るような指導をすることが大切です。部下が「何について考えて答えを出すべきか」「考えるべき点が何であるか」を考えられるようにすることです。

良い上司、それは部下に短期的、長期的に成果を約束できる上司なのです。

13

「教育」は将来のための投資。投資しなければリターンはない

部下の育成も営業マネジャーの大切な仕事です。短期的な成果に関わるものが「管理」であるとするなら、継続的・長期的な成果につながるのが「育成」です。

この点に関して、私は〝「育成」の方法として〟コーチングをお勧めします。目的は〝自分で考えて行動する「思考特性・行動特性」を身につけること〟、何でも上司に聞くのでなく、自分で答えを見つけようという姿勢を育むことです。

動物の世界でも同じですが、基本的に「育てる」ということの意味はこれだと思います。自分でえさを見つけて生きて行く力をつけること、それが育てるということです。人間の世界でも同じことです。親がいなくても食って行ける子供を育てることです。

「カーナビ・ペアレント」を覚えていますか。子どもに何でも教えてやる、子どものすることをすべて決めてしまう親です。会社の中にもいませんか。「カーナビ上司」。「自分でやった方が速い」「考えさせるより答えを教えた方が速い」。確かに仕事の効率だけならその方が速いで

すね。

しかし、ここでいう「速い」は、あくまでも目の前の仕事を片づけることだけであることを忘れないでください。もう一つ忘れてはいけないのが、「部下の成長が速い」ということです。この上司の視点からはこれがすっぽりと抜け落ちています。

「目の前の仕事をこなす」ことと、「部下の成長」をトレード・オフ（引き換え）しているのですよ。さらに言えば「今の成果」と「将来にわたる継続的な成果」をトレード・オフしているのです。どちらが企業により大きな利益をもたらすでしょうか。

14

「上司は部下をコントロールする」は幻想にすぎない。上司は部下に依存している

よく質問されることが2つあります。1つは「年上の部下をどのように指導すればいいか?」、もう1つは「やる気のない部下をどのように指導すればいいか?」という質問です。私も前職で経験しました。これからさらに増えてくるのではないでしょうか。

共通して言えることは、「相手を自分の思い通りに動かそうとしている」ことです。自分のことに置き換えればわかります。〝人に思い通りに動かされること〟は嫌いです。思い通りに動かすのは〝自分が正しい〟という驕りの表れ、驕った人と一緒に働くのは楽しくありません。

もう1つ共通のことは、「相手に対する敬意を忘れている」ことです。上司は部下に対して「生殺与奪《せいさつよだつ》の権」を持つと錯覚して、それが日頃の言動に表れることがあります。いつしか、それが当然のようになって、言動がぞんざいになることはありませんか。

たとえば、年上の部下に対しては、「一緒に考えてもらえませんか」という気持ちで接することができればいいですね。やる気がないと感じる部下に対しては、「一緒にやってみない

か」「こんなやりかたを試してみないか」と働きかけることもできますよね。

上司の仕事は〝何とかする〟こと。部下を思い通りに動かすことでもなければ、威張ることでもありません。何とかするというのは、資源を活用して最大の成果をあげることです。年上でも、やる気が感じられなくても、役割を果たすために自分が工夫するのが上司の務めです。

私は現役のとき、「上司は祭りの神輿《みこし》のようなもの。担ぎ手がいなきゃあ、どこにも行けない」と言っていました。担ぎ手は部下です。神輿が鳥居を潜って本殿に行けるのは、担いでくれる部下があってのことなのです。言ってみれば、〝上司は部下の思いのまま〟なのです。

15

褒めるという行為は「自分が上だ」と言っているようなもの。今の言葉で言うと、〝上から目線〟

「年上の部下に対しての指導が難しい。どうすればいいのでしょう」という相談を受けます。確かに難しい問題です。私もかつて経験しましたし、今はどの業界でも以前に比べて多くなっています。

ある研修会場でのことです。1人の男性が私のところに来て、話が始まりました。

「褒めればいい、褒めることが大事だとよく言いますが、年上の人を褒めるのは本当に難しいです。だから結局、何も言えずに終わってしまいます。どうしたらいいでしょうか」

確かにその通りですね。私に年下の部下がいたとします。私が何かをしたときに、彼／彼女から褒められたとすると、複雑な気持ちになると思います。褒められても素直に喜べません。

しかし、上司としては何かを言う方がいいでしょう。だとすれば、一体何と言えばいいのでしょうか。今度は立場を替えて考えてみましょう。そんなとき、みなさんが上司なら何と言いますか。

私は彼に提案しました。

「感謝の言葉を伝えることはできませんか。〝ありがとうございます〟って言うのなら自然じゃありませんか」

彼の顔がぱっと明るくなりました。

「それなら変じゃなく言えますよね、明日からやってみます」

それからどうなったか気になります。

彼には強い思い込みがあったようです。「上司は立場が上なんだから、そのようにふるまうべきだ」「上司は部下を褒めたり叱ったりしなくてはいけない」など、どれも勘違いにすぎません。

上司の仕事は、部下が成果をあげられるようにすることです。言いかえれば、部下が成果をあげれば、それこそが上司の成果なのです。そう考えれば、感謝するのは自然です。そして、上司が部下に感謝する姿は清々しいものです。

第2章

部下を育てる

【イントロダクション】

(1)何を指導するか

営業マネジャーの部下指導のポイントは、①行くべきところに行っているか、②やるべきことをやっているか、です。行くべきところに行き、やるべきことをやれていれば、目標達成の確率も上がります。

チームメンバーの一人ひとりが、自己の責任を果たして成果をあげることが、チームとしての成果(目標達成)につながります。

チームワークとは、一人ひとりが責任を果たすことで、チームとして機能(ワーク)することです。

セールスのプロセスの中には、ここに持ち込めば成約率が上がるというポイントがあります。たとえば、自動車販売なら「試乗」、自動車教習所でも「試乗」、学校なら「オープンキャンパス」、アパレルなら「試着」、不動産なら「内覧」です。

古い言葉ですが、「勝利の方程式」です。どうやってそこに持ち込むかですが、一方で、強引にそこに行こうとするあまりに、お客が警戒することもあります。そこに行けるか否かは、その前のプロセスが大事です。そこに注目です。

そこで何をするか、どのように進めるかで、その確率は決まります。試着を取り上げてみます。とにかく試着していただこうとばかりに、「ご試着なさいませんか」と声をかけます。言葉は丁寧ですが、強引さは変わりません。

十分に話を聞いたうえで満を持して、「お探しのものはこれではありませんか」と目の前に出す。この過程が必要です。買い手が「これいいなあ、似合うかなあ」と思った瞬間を捉えて、「ご試着なさいませんか」と声をかけるのです。

前のプロセスは、ここでは聴くことです。聴いて理解することです。だから、お返しに聴いてもらえます。だから、的を射た提案ができるのです。よく聴きもしないで提案しても、聴いていただける確率は低いでしょう。

営業マネジャーが部下を育成するとき、考えるべきことは何でしょうか。効率的かつ効果的な仕事ができるようにすることです。効率性は仕事の量を表し、効果性は仕事の質です。効率よく効果的な仕事をすれば、大きな成果が期待できます。

私は「営業は考える脚である」とパスカルをもじって言います。「考えて、それから脚を動かせ」という意味です。考えもなく、額に汗して脚を動かしても大きな成果は期待できません。考えるだけで、脚が動かなければまったく成果は出ません。

もう少し詳しく言うと、何をすべきかを考える。これが効果性につながります。わかったら、今度は成果が出るまで無駄なく動きます。これが効率性を生みます。

そのどちらも兼ね備えた人を育てる。それが営業マネジャーの仕事です。

(2)身につけるべきは何か

育成するとき、身につけさせることには何があるでしょうか。大きく3つに分けることができます。①知識(知っている)、②技能(できる)、③態度(している)です。どれが欠けても優秀な営業パーソンにはなりません。

ここで間違えてはいけないことがあります。それは、全員が同じことを同じようにできることを求めるのではありません。一人ひとりの特性を活かしてチームとして最大成果をあげるには、誰の何を伸ばすのが効果的かを考えることです。つまり、「どんなチームを作るのか」が重要なのです。

「知識には何があるでしょうか」と尋ねると、いつも真っ先に「商品知識」と答えます。これ

図7　身につけるべきもの

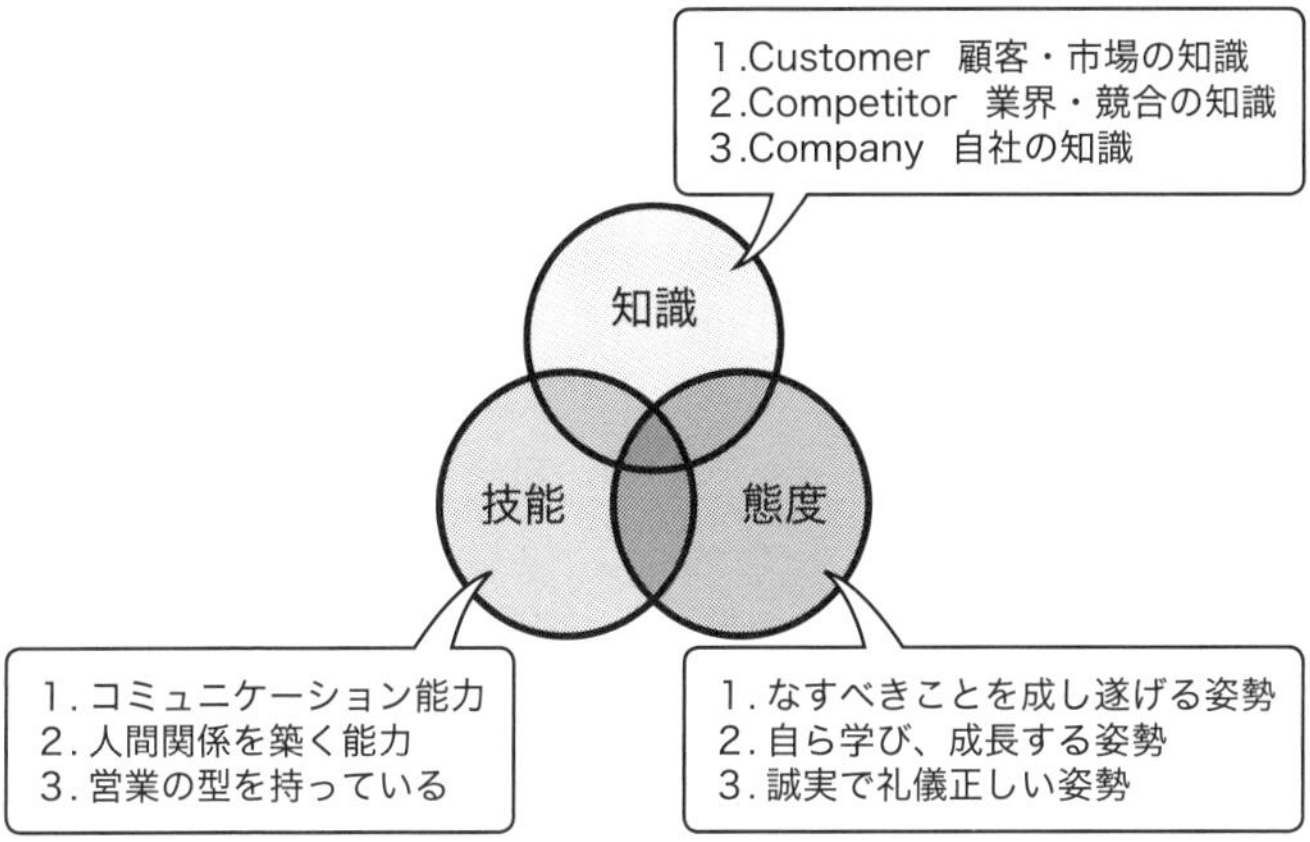

だけでも、いかに説明しようとしているかがわかります。商品説明にばかり強くなりますが、これでは業績はあがりません。

3C分析をご存知ですか。ビジネスで意思決定するときに必要な視点です。①Customer（顧客・市場）の知識、②Competitor（競合・業界）の知識、③Company（会社・自社）の知識です。このように分けてみると必要な知識がわかります。

まずは市場を持つことが重要です。マーケティング発想は「あったらいいなをテイアンする」と言いました。ここにビジネスの機会があるからです。市場の機会は会社の中にはありません。いわんや商品の中にをや、です。

次に競合と業界です。業界の新しい技術動向や製品、競合の動きや強みなどです。「敵を知り、己を知らば百戦危うからず」。敵の持つ武器を知らずに突撃すれば、あえなく討ち死にする確率が高くなります。

最後に自社の知識、「何ができるのか」「どんな強みがあるか」「自社の戦略」「商品の特性」を知らなければなりません。複数社の入札になるとき、自社の有利になるように入札条件が決まれば、勝てる確率は数段高くなります。

逆もまた真なり。他社に有利な条件になれば、勝ち目は薄いものです。入札条件を見て、勝てるのか否か、どこが影響力を持っているかがわかります。見積りを出して、腕組みして結果を待つようでは、勝利は覚束ないでしょう。

「競争入札は異種格闘技戦みたいなものだ」とかつて私は言っていました。どんなルールになるかで、どちらが勝つかが占えるという意味です。ボクサーとレスラーが戦って、寝技がOKならレスラーの勝ち、NGならボクサーが有利です。

知識の次は技能です。何ができればいいでしょうか。①コミュニケーション能力は必須、それから②人と関係を築く能力、③営業の型を持っている、です。必要なものは他にもあるかもしれません。しかし、これだけあれば十分だと言えます。

コミュニケーション能力、これほど勘違いされているものもありません。特に営業の場面では、話すこと、説明すること、理屈を言うこと、などが必要と思われがちです。説明して売れる時代ではありません。誤解しないでください。

　人間関係を築く能力、これが一番です。現在取り沙汰されているグローバル人材でも、一番必要なことは〝可愛げ〟です。困っているのを見たら、何とかしてやりたくなるような人柄です。そして長くつきあいたい人間的魅力、好感度です。

　営業の型を持っていること。これも大切な技能です。常に上司や先輩のやることを真似て日々繰り返すことで慣れただけでは型とは言いません。型というのは、〝勝利の方程式〟。高い確率で成果に結びつくプロセスのことです。

　最後に態度（姿勢）です。どんな態度（姿勢）が望ましいでしょう。①為すべきことを成し遂げる姿勢、②自ら学び成長する姿勢、③誠実で礼儀正しい姿勢、です。正解はありません。私の個人的な考えであることをご了承ください。

　どのようにして「知識」「技能」「態度（姿勢）」を指導することが効果的か。知識は、教える、何が必要かを伝えて学習を促す。技能は、教える、繰り返し練習させる。態度は、自身が手本を示すことです。部下は上司のカガミです。

図８　部下が技能を身につけるプロセス

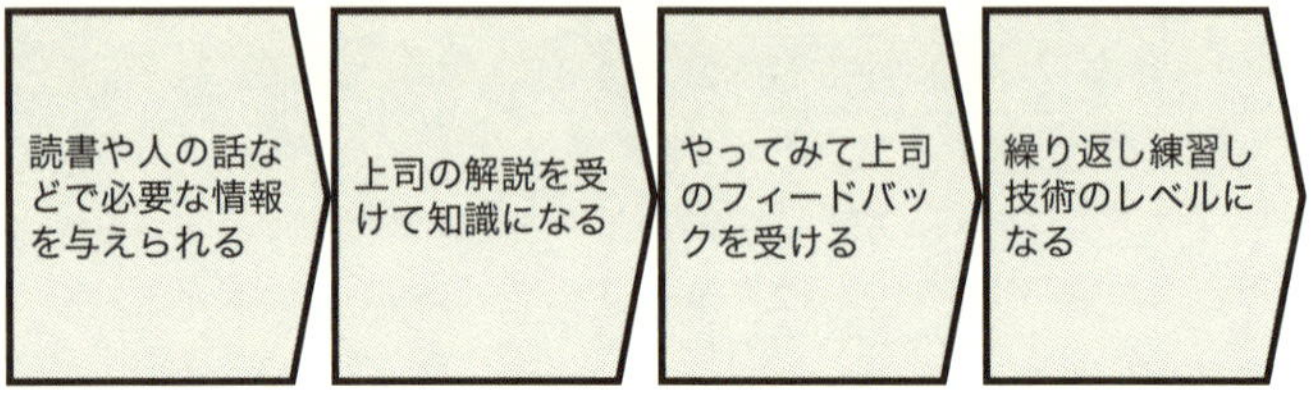
読書や人の話などで必要な情報を与えられる
上司の解説を受けて知識になる
やってみて上司のフィードバックを受ける
繰り返し練習し技術のレベルになる

（3）成長のプロセスと上司の役割

部下が技能を身につけて行くプロセスは次のとおりです。①必要な情報を与えられる↓②上司の解説を受ける↓③やってみて上司のフィードバックを受ける↓④自分で繰り返し練習する。何かをできるようになるまでには、上司の関与が欠かせません。

たとえ話をします。自動車教習所に通って免許をとるとします。最初の日には運転をさせてもらえません。「これがブレーキです、アクセルです、ギヤです、ハンドルです」と教えられます。これは情報で、必要ですがこれだけでは役に立ちません。時々本を読んだだけ、人の話を聞いただけで、「わかっている」ような気になる人がいます。とんだ勘違いです。成長は期待できません。

次に、「ブレーキを踏むと止まる、アクセルを踏むと進む、ギヤはＤに入れる、ハンドルを切ると曲がる」と解説されます。これで知識になります。「ギヤをＤに入れてアクセルを踏むと進むのか」。一歩前進、でもまだ運転できるとは言えません。

今度は教官を助手席に乗せて、運転します。なかなかうまくいきません。「アクセルはもっとゆっくり、ブレーキは早めに、ハンドルは滑らかに、今のは良いです」とフィードバックを受けて、「なるほど、こうか」と理解して先に進みます。

こうして卒業するまでには、何とか一人で運転できるようになります。しかし、本当に運転できるようになるのはここからです。繰り返し運転して、自分で教官の教えを思い出しては修正して、次第に運転らしくなっていくのです。営業の仕事も同じです。

16

指導のあり方には4つある。必要に応じて組み合わせて使うことが効果的

部下指導の目的は、①部下が仕事上の成果をあげられることと、②部下が成長して自分で継続的に成果をあげられるようになることです。その目的に適うなら、どんな方法でも構いません。どんなに良い指導法であっても、この2つの目的を達成できないなら意味はありません。

① 直接的な援助

部下の代わりに何かをする、肩代わり、手伝い。協力、何かを与えることです。これらの方法はよほど緊急な場面だけに限って行います。なぜなら、成長を支援することにならないばかりか、本人が学ぶ機会を奪うことになるからです。

② やり方を教える

助言や指導、カタカナならアドバイス、ガイダンス、コンサルテーションと言います。専門の人を、アドバイザー、ガイド、コンサルタントと呼び、専門知識と経験を持つ人です。情報

を提供する、具体的方法を教える、仕事上なら上司ができることです。

③ 周囲の関係や環境を調整する

周囲の関係者などに働きかけて、部下が仕事を進めやすくする。他の人や機関を紹介することで、部下からの相談に応える。上司が一人で応えられることは限られているため、ネットワークを使って支援を得ることで、自分ではできないことを補うのです。

④ 成長を支援する

部下の考え方が変わり、何かに気づくことで、意思決定できるよう成長を支援する。どんな問題にも、本人の考え方や仕事の仕方があり、一般的な正解はありません。選択肢を示したり、取り組み方を提案しても、選ぶのは本人です。自分で答えを発見する過程を体験的に学習します。

このように指導のあり方には４つあります、必要に応じて組み合わせて使うことが効果的です。

仕事の現場では、部下の必要に応じてこのすべてを行うことがあり得ます。良い指導者は、これらのことを必要に応じて使い分けて、部下が成果をあげられるように育てるのです。

17

自信を失うことはすべてを失うこと

以前、ＢＢＣが制作した『クワイア・ボーイズ』というドキュメンタリー番組を見ました。見応えのあるストーリーで、その中で印象に残った場面がありました。部下指導において重要なことを示唆しています。

舞台はイギリス中部の工業都市ランカスターにある公立学校。一人の請負の音楽教師が、合唱を通して荒れた学校を変えていくというストーリーです。初めて歌う子供たちを指導して、目標はロイヤル・アルバートホールで歌うことでした。

ホールで歌う曲目はヘンデルの「オンブラ・マイ・フ」でしたが、みんなが興味を持つように「スタンド・バイ・ミー」から始めました。そして一人ひとりの個性を見ては個別にテーマを与え、成長に合わせて少しずつ指導の方法を変えていくという、まさに指導のお手本でした。

出場を決定する審査員の評価の仕方にも感銘を受けました。技術的に優れていることも求めますが、何より評価するのは「前回より成長したか」ということ。その時点での技術より「成長」を認めることで、さらなる成長を期待するという姿勢です。

部下の指導に置き換えてみてください。できたことや成長したことを認めてもらえれば自信をつけて、さらに努力して伸びていきます。反対にできないことばかりを指摘されると、自信をなくし、新たなことに挑戦する意欲をなくして成長が止まってしまいます。

「組織は人だ」という言葉をよく耳にします。製品や技術での差別化が難しくなればなるほどこの言葉は意味を持つと思います。人が育つか否かは組織の風土、ひいては上司の指導に対するAttitude（態度や姿勢）で決まるものです。みなさんの組織はいかがですか？

「人を育てるとは自信を育てること」

楽天イーグルス野村克也元監督の言葉です。

18

考えることは習慣にすぎない、多くの遊びと同じで、慣れるほど楽しくなる

以前、日経新聞に、スイスの思想家ジャン・ジャック・ルソーの『エミール』からこんな引用が掲載されていました。

「自然のままでは、人間は殆ど考えない。考える事は、他の全ての技術と同じように、人間が学んで身につける技術で、しかも学ぶのにいっそう骨が折れることだ。私は、男女いずれに対しても、本当に区別されるべき階級は二つしか認めない。一つは考える人々の階級で、もう一つは考えない人の階級だが、この違いが生じるのはもっぱら教育によるものといっていい」(今野一雄訳　岩波文庫)。

いつも言われることですが、企業は「自ら考える人材」を求めるようです。しかしながら、ルソーも喝破したように、「考える」という行為は自然に身につくものではなく、学んで身につけなくてはなりません。私はこれを一種の「習慣」にしなくてはならないと思っています。「指示待ち族」と呼ばれる人たちがいます。一体誰が作ったのでしょう。考えればわかります。

指示を与えた人、そう、あなたです。考えることも、習慣になってしまえば難なくできます。自分で考えて答えを出せるように習慣づける。それが部下指導の目指すところです。

「教えたほうが速い」と、上司は部下に答えを与えます。しかし、「答えを与える」ことは「考える」機会を奪っているのです。そうしている限り、「考える習慣」は身につきません。身につくのは「上司の指示を聞く」習慣です。聞き分けのよい部下ができあがります。

もし、あなたが部下に「自分で考える」ことを望むなら、答えを与えたい衝動をぐっと抑えて、かわりに問いかけてみませんか。初めは戸惑っても、しばらく続ければ、あなたには「問いかける」ことが習慣になり、部下には「考える」ことが習慣になるでしょう。

19

上から下まで同じセリフを口にする組織ほど、危なっかしくて不気味なものはない

ボーボワールの作品の中に、彼女自身とサルトル、彼らを取り巻く人たちの日常を描いた作品があります。彼らは高等遊民、普通の仕事には就かず、世の中の色々な事象を取り上げては議論をする日常です。

サルトルと思しき人の言葉に面白い表現を見つけました、〝Don't be a parrot.〟、直訳すれば「オウムになるな」、言いかえれば「人の意見を鵜呑みにして、自分の考えのように口にするな」という意味です。自分で考えてオリジナルな意見を持つことが大切であると理解しました。

これを部下の育成にあてはめるとどんな意味になるでしょうか。〝上司の言うことだけを鵜呑みにして、真実であるかのように盲目的に信じる部下〟を育てることへの警告と考えることができます。答えを押し付け、与え続けることの弊害を表しています。

答えを与え続けるとオウムを育てます。揚げ句に「部下が自分で考えられない」「最近の部

下は指示待ち族だ」と嘆くのです。オウムに多くを期待することはできません。自分で考えて自分の言葉で自分の意見を述べる。そんな部下がいると、上司としては頼もしい存在です。

〝考える〟ことは能力というより習慣です。頼もしい部下に育ってもらうには、答えを教え続けるより、上司が上質の質問をして、その答えに真摯に耳を傾けることが効果的です。そのためには、上司が教える力だけでなく、質問する力に磨きをかけることが大切です。

自分が「正しい答えを知っている」と思う気持ちがあると、口を閉じていることができなくなります。会議でも見かけることですが、上司がそこで「正解」を口にした途端に、議論は消えてしまいます。上司の一言が議論の余地をなくしてしまうのです。

結果は推して知るべし。自分の知っていることしか口にしない部下に飽き足らなくなります。もとはと言えば自分が部下をそうしてしまったことに気がつくことはありません。私自身もかつて同じことを経験しました。今も多くの組織で見る光景、〝オウムを育てる風土〟です。

20

自身がやってもいないことを、部下に望むことはできない

昔よく聞いた親のセリフに、「そんな子に育てたつもりはありません」というのがありました。みなさんも一度や二度は言われたことがあるのではないですか。私なんかずっとそうでした。でも、不思議なことに、言われた人たちもいつか同じセリフを口にするものなのです。「今時の若い者は……」と言うのと同じです。これなんかソクラテスの時代から言われていたというくらいですから、人間って案外成長しないものなんでしょうね。そう言えば、『葉隠』の中にも同じような表現がありました。古今東西を問わずということです。

最初に戻りますが、この親のセリフはとっても大事です。親が自分の願望で、あるいは思い込みで「育てたつもり」のように育つのではありません。実際に「育てた」ように育つのです。別の表現をすれば、子は親の背中を見て育つということです。「子は親のカガミ」です。

そして、部下は上司の背中を見て育つのです。「部下は上司の言うことを聞くのではない、上司のすることをまねるのだ」とドラッカーは言いました。部下は上司が面と向かって言う

言葉、いわゆる建前を真に受けるほどナイーブではありません。「部下は上司のカガミ」です。部下が何か気に入らないことをしたなら、上司はまず自分がそれをしていないかと疑ってみる必要があります。

上司が自分のふるまいを正すことで組織風土に良い影響を与える管理手法を、カルチュラル・コントロールと言います。部下に「こうしてほしい」と望むならば、まずは上司自身が部下にしてほしい行動を率先して行うことが効果的です。

面と向かって指導する前に、上司は部下にとって、成功するためのお手本であろうと心がけることが大切です。そうすることで、部下は自然に適切な行動を学び、指示や命令をしなくても、進んで好ましい行動をとるようになるのです。

21

部下を殺すにゃ刃物はいらぬ、「ダメ」の一つも言えばいい。伸ばすもつぶすもあなた次第です

　このところ、「格差」という言葉に世界中が敏感になっています。2月7日付の新聞には、「格差」を固定化させない方策が必要だという論調の記事が出ていました。固定化したものを「格差」と言うんじゃないか考えていましたが、何もかもを人為的に均してしまおうとする習性がここにも見えます。

　最近、教育における「格差」についての記事を読みました。成績の差を生んでいるのは何かと言うのです。よく言われることに親の所得があります。この格差が成績の差を生む。簡単に言えば、どれだけ教育に金をかけられるかで差がつくのだというのです。

　今回読んだ記事では、成績の差は親の接し方によるところが大きいと述べていました。伸びる子の親の多くは、あまり細かいことを言わないようです。反対に伸びない子の親の多くは、細かいことに口を出し、特にダメ出しすることが多いということでした。

「ダメだ」「ダメだ」と言われ続けると、次第に自信をなくしていき、新しいことに挑戦しよ

うという意欲もなくなる。失敗しないことに汲々とするあまりに、成功をイメージして伸び伸びと何かに取り組むことができなくなることが原因だそうです。

反対に成績が伸びる子の親には、「任せて見守る」というスタイルが多く見られるそうです。そうすることで、子どもたちは自分の責任で意思決定し、自分でその決定に責任を持つという習慣を身につけるのでしょう。それが伸び続けることにつながるのではないでしょうか。

会社の中でも同じです。上司が何から何まで口を出し、しかも「あれもダメ」「これもダメ」と言ってばかりいると同じことが起きます。部下はビクビク、おどおどして、力を発揮できなくなってしまいます。せっかくの部下の能力を引き出すどころか、蓋をしてしまっては成果は期待できませんよね。

22

何かの行動を習慣として身につけるには、繰り返し経験する以外にはない

マーカス・バッキンガムは、「優秀なマネジャーは人の成長に関心を持つ、そして教育欲求を持っていなくてはならない」とその著書の中で言っています。

育てるというのは具体的に何をするのか。私がいつも頭に浮かべるのは、草原で子供に狩りを教えるチーターの母親です。彼らにとって育てるとは唯一つ、「自分でえさを獲って食えるようにする」ことです。

ビジネスの世界でも同じです。育てるということは唯一つ、自分で考えて行動し、自分で必要な成果をあげられるようにすることです。身につけるためには何が必要か、自分で考えて仕事をさせることです。人は経験を通してのみ真に何かを身につけることができます。

中小企業の経営者からよく話を訊きます。「なかなか任せられないんだよね」。それでいつになったら任せられるのかと尋ねると、「できるようになったら」と答えます。それではいつできるようになるのですかと尋ねると、「経験が必要だよなあ」。これではニワトリと卵です。

かつて流行ったカーナビ・ペアレントに育てられ、学校ではカーナビ教師に教えられ、会社に入るとカーナビ上司に指示される。カーナビの面倒くさいところは、決めたルート以外の道を行こうとすると、必ず元に戻そうとすることです。自分で考える気をなくします。

私が30年以上前に初めてアメリカで仕事をしたとき、クルマに乗って交差点で同乗者に「Shuzo, look left!（左を見なさい）」と言われました。左側通行の日本で右を先に見る習慣がついていました。習慣になったことはなかなか変えるのが難しいようです。指示を待つことが習慣にならないようにすることが大切です。

23

打たれたことのない者に打たれ強さは期待できない

最近の面白い言葉に「カーナビ・ペアレント」「カーリング・ペアレント」があります。一体どんな親なのでしょう。他にも「モンスター・ペアレント」や「ヘリコプター・ペアレント」という表現がありました。共通点はどれも「過干渉」な親たち、それが増えているのです。ニュースでは卒業を控えた学生の親に対して、「就職面談」セミナーが開かれているとも聞きました。企業の入社式に親が出席するのも珍しくないようですし、大学の入学式や卒業式に親が出席し、大学生のための保護者面談をするのもふつうの光景になっているようです。

私の世代では考えられないことです。親が関わるのはせいぜい中学校まで。高校生にもなると一人前ですから、親が関わることなんかありませんでした。大学入学や就職は大人になった証のはずだと首をかしげます。そんな学生を雇いたい企業があるのでしょうか。

草原で狩りをする動物の親は、子供が小さいうちは必死で守りますが、時が来たら必ず突き放します。自分でエサを採って、自分の力で生きることを求めます。強く生きて欲しいと願えばこその行動です。育てるとはこういうこと、「自分で生きる力を身につけさせること」なのです。

仕事においても同じです。部下の成長を邪魔する「カーナビ上司」や「カーリング上司」はいないでしょうか。口癖は「最近の若い人たちは自分でものを考えない、打たれ弱い」です。道を決めてもらって、その上に露払いまでしてもらえば、考えなくも、打たれ弱くもなりますね。

これを続けるといつまでも手がかかります。上司本来の仕事ができません。カーナビをすることは上司にとっても楽ですが、部下は慣れてしまうとそれなしではどこへも行けなくなります。特に新しい場所へは行けなくなります。今からカーナビのスイッチをオフにしてみませんか。

24

部下は、迷って考える過程で成長するもの。上司は教えたい気持ちを我慢できなくてはならない

成長するというのは、何かを「自分一人でできるようになること」、そして繰り返し「同じレベルで行うことができること」です。これを「再現性」を身につけたと言います。「再現性」を定義すると、「もう一度やろうとしたときに、期待通りにできる」ということです。

経営者や管理者の方々から耳にするセリフに、「こいつは何度言ってもわからない」「何度教えてもできない」「何度教えても同じ失敗をする」というのがあります。

部下に「再現性」が身についていないということです。育成する上で大切なことは、部下が「自分でできるようになる」こと、つまり何度も教えなくても自分で判断して行動できるようになることです。そのためには、全体像を理解することが必要です。個々にやるべきことを教えたのでは、身につきません。

上司がカーナビである限り、部下がこの能力を身につけることは難しいでしょう。カーナビに頼る人は、カーナビがなければどこへも行けません。慣れた仕事はできますが、新しい仕事

では自分で判断できず、上司に「どうすればいいですか？」と聞くのです。

3年前にイギリスを視察し、約2週間、全行程をレンタカーで移動しました。もちろんカーナビはつけません。1枚の全国地図だけを頼りにエジンバラからロンドンまで9都市と他に小さな街々を巡りました。以前から知っている街も知らない街もありました。

初めての街や小さな町など、道に迷いましたし、時間がかかることもありました。しかし、もし同じ場所にもう一度行くとすれば、もう迷う心配はありません。今回迷ったことで十分に考え、その過程で「再現性」を身につけたからです。時間もかからないでしょう。

仕事も同じです。そのときの時間を節約するために答えを教えることは簡単で効率的ですが、部下が考える機会を奪ってしまいます。その結果、考えることをしなくなり、「何度言っても……」につながります。それが長い時間の中では、たくさんの時間を損なうことになるのです。

25

変化に備えるために、若いうちに一定の責任と権限を与え、考えて判断する習慣を身につける機会を与える

ＯＥＣＤ諸国の中で、日本の存在感が薄れています。国際競争力比較では常に上位でした。それも今は昔。一人当たりＧＤＰ（国内総生産）も、世界27位と昔日の面影はありません。国際学力比較でも順位は低下、かつてのように上位の常連というわけにはいかないようです。

そんな中、デンマーク、フィンランドなど北欧諸国の成長は著しいですね。共通点は、「考える力」を伸ばすことに焦点を当てたことです。特にデンマークでは「答えを与えること」は、生徒が「考える権利」を奪う行為だとしていますが、これは大きな意味があります。

前職のとき、デンマークの高校からの留学生ソフィーを迎えました。いろいろなことについてよく話をしたものです。ちょうどＥＵができる頃で、そのことをどのように考えるかを尋ねました。そのときの彼女の答えに驚いたものです。

「（ＥＵに）父は賛成しているけど、母は反対の立場をとっている。いろいろと考えたけど、私は父と同じく賛成している。なぜなら……」と滔々《とうとう》と説明します。そのときに、大きな差が

ついていることを実感しました。

説明の仕方ではなく、考え方の問題です。背景にある考え方そのものについて語っています。今の日本で問われているのは「唯一の正しい答え」を教師が持っていて、生徒に与えるというパラダイムを変えることです。それが「考える力」を伸ばす上で最も重要なのです。

会社での仕事も同じことが言えます。入社以来、上司から正しい答えを与え続けられた社員は、「考える権利」を奪われ続けています。一定の年齢に達し、管理職のポジションに就いた途端に「自分で考えて判断しろ」と言われても、それは苦痛です。「考える」ことは習慣だからです。

環境が刻々変化するときには「何をすべきか」を考える習慣と力が必要です。北欧の国々は、変化の中で「何をすべきか」を考えることで成長しました。企業が成長するには「言われたことをどうやるか」の発想でなく、問題解決のために「何をするか」を考える人材が必要です。

26

上司は部下の成長に嫉妬してはいけない、部下が自分を超えることを恐れてはいけない

2011年8月に劇場公開された映画『メカニック』を見ました。キャストはジェイソン・ステイサムとベン・フォスター。1972年に、チャールズ・ブロンソンとジャン・マイケル・ビンセントが演じた同名映画をリメイクしたものです。

プロの暗殺者が、自分が的にかけた男の息子を弟子として訓練し、一人前に育てます。その過程では持てる知識と技術のすべてを惜しげもなく教えます。時を経て、弟子が師匠の命を狙うという設定ですが、結末はぜひ映画でお楽しみください。

マーカス・バッキンガムは、著書『最高のリーダー、マネジャーがいつも考えているたったひとつのこと』（日本経済新聞出版社）の中で、「最高のマネジャーは、部下の成長に関心を示す」と言います。部下の成長こそ、優秀なマネジャーがいつも考えているべきことです。

上司は部下が成長して、貢献し、成果をあげることを心の底から喜べることが大切です。たとえ、そのために自分の立場が脅かされることがあっても、です。もし、追い越されたくない

なら、自分自身が成長し続けることです。それ以外にありません。

つまり、自身が部下にとってのロールモデル（お手本）であること、そしてあり続けることです。それが部下の成長につながるキーワードです。どんなに追いかけてもいつも先にいる、逃げ水のような上司の存在が部下の成長には欠かせません。

私にも一人、そんな存在があります。７歳年下の女性で、今までに出会ったどんな人とも違う、とてつもない存在です。もう20年も後ろ姿を追い続け、近づいたと思うとやっぱり差は縮まらない。もう何年も会っていませんが、今でもその人に育てられています。

部下が自分を追い越すことを恐れず、持つものすべてを与える。そして、心から部下の成長を支援する。しかし、容易に追いつくことを許さない。そして、高い水準の仕事を求め、安易に褒めて成長を遅らせることはしない。指導する技術以前に、そんな姿勢を持った上司であることが一番です。

第3章

部下と よい関係を築く

【イントロダクション】

(1)上司との関係が成果を決める

人は「何を聞くのかではなく、誰の言うことを聞くのか」です。人を部下に置き換えても同じです。何を信じるかではなく、誰を信じるかです。これが正しいというのではありません。しかし、これを否定することはできません。

また、「部下のやる気は上司との関係で決まる」というのも一理あると思いませんか。私にも憶えがあります。とても好きになれない上司の下で働くときほど辛いものはありません。尊敬できない上司と言いかえることもできますし、嫌いな上司と言うこともできます。

部下の仕事の成果は、「能力×やる気」で表すことができます。どれだけ本気で能力を発揮したかで決まるという意味です。ピーター・F・ドラッカーは著書『経営者の条件』(ダイヤモンド社)の中で、「上司の最大の仕事は部下をやる気にさせることである」と喝破しています。

日本の会社で働く複数の外国人が言っていました。会社の上司の接し方でなにが嫌かって言うと、歳が上だからという理由で、「おい、お前」と言われること。立場が上だからというだけの理由で、自分の方がよくできる仕事にも口を出されること、と言っていました。

能力は一朝一夕に大きく変化することはありません。しかし、やる気は別です。過去を振り返ってみればわかることです。誰でもやる気に満ちていたときもあるでしょうし、まったくなくしてしまったときもあるはずです。

つまり、仕事の成果は、能力が一定であるとするなら、部下のやる気次第で変わるのです。そして、上司の成果あるいは責任は、「部下がどれだけ成果をあげたか」です。とするなら、部下の成果を決める部下のやる気も「上司の責任」です。

部下の行動を命令で変えることは、一時的にしかできません。上司にできることは、部下に「嬉しい経験」を提供すること、つまり、自分が部下にとって好ましいふるまいをすることだけなのです。決してご機嫌をとるなどということではありません。誤解なきよう。

（２）部下を信じる

信じて任せられると、誰しも手抜きはできないものです。口は出さないが、決して目を離さない、常に観察を怠らないことが大切です。

部下に何かの仕事を任せたときに、「間違いなくやってくれるだろう」と思えるか、「ひょっとしたらやってないかもしれない、人は信用できないからなあ」と思うかです。ダグラス・マグレガーの理論に当てはめると、前者はY理論、後者はX理論と言います。

ダグラス・マグレガーは著書『企業の人間的側面』（産能大学出版部）の中で、権限行使と命令統制による経営手法（X理論による経営）を批判し、統合と自己統制による経営手法（Y理論による経営）が、将来の良い経営手法となると主張しました。

〈X理論〉

「人間は本来なまけたがる生き物で、責任をとりたがらず、放っておくと仕事をしなくなる」という考え方。この場合、命令や強制で管理し、目標が達成できなければ懲罰といった、「アメとムチ」による管理の手法です。

〈Y理論〉

「人間は本来進んで働きたがる生き物で、自己実現のために自ら行動し、進んで問題解決をする」という考え方。この場合、労働者の自主性を尊重する管理手法となり、労働者が高次元欲求（アブラハム・マズロー）を持っている場合に有効としています。

主体性を重視するチームを作るなら、Y理論を前提とすべきです。上司の厳しい看視の下で主体性を発揮することなど、できない相談です。まして、信じてくれない上司に良い感情を抱く人も少ないでしょう。

その上、疑うときりがありません。部下は自分が見ていないところでも誠実に働いているだろうかと心配になります。営業パーソンは特にそうです。いるはずのない場所にいる人が何と多いことか。ただ、モニターするのはコストがかかりすぎます。信じられる関係を作ることが鉄則です。

(3)信頼

そして、松下幸之助の言葉にもあるように「任せて任さず」が大切です。口は出さないが、決して目を離すこともない。常に観察を怠らないことです。信じて任せられると、誰しも手抜きはできないものです。しかし、それと間違いなく業務を遂行できるかどうかは別物だからです。

そして、信頼の中でも、「このことならあの人に訊けば間違いない」という「特定のことに関する信頼」もあれば、「あの人の立場でそんなことはしないだろう」という「関係に由来する信頼」もあります。たとえば、「親なんだから子供にヒドイことはしないだろう」もこれに当たりますし、「先生なんだから嘘は言わないだろう」もそうですね。

しかし、ここで最も重要なのは、「あの人の言うことなら間違いないよ」「あの人を信じてついて行けば大丈夫だよ」という「人間的信頼」です。言ってみれば、無条件の信頼です。他の2つが条件付きの信頼であることと大きく違います。

難しさは、信頼は一朝一夕では得ることができないことです。しかし、失うのは簡単、ほんの一瞬あれば十分です。「信じていたのに……」「信頼していたのになあ……」などという言葉をよく耳にします。たった一度のできごとで瓦解してしまいます。

27

自分が部下だったときのことを思い出してください。その頃に「嫌だと感じたこと」を部下にしていませんか

昨年の秋頃でしたか、幸福度に関して日経新聞に面白い記事が載っていました。人間の感情と幸福感の相関性について書いたものです。人はどのようなときに幸福と感じ、どのようなときに不幸だと感じるかというものです。

幸福感が増すのは「正の感情」を感じるとき。たとえば「嬉しい」「愉しい」「気持ち良い」などの肯定的な感情のことを指します。そんな気持ちになったときに幸せを感じるというのですが、言われてみると当たり前です。

反対に幸福感が減るのは「負の感情」を感じるとき。たとえば「苦しい」「つまらない」「悲しい」「寂しい」「辛い」などの否定的な感情のことを指します。そんな気持ちになったときに、幸せを感じられなくなるというのですが、これも言われてみれば当然ですよね。

ところで、会社で働く人にとって、一番「負の感情」が増して幸せを感じられなくなるのはどんなときだと思いますか。そして二番目はどんなときだと思いますか。

一番は「孤独を感じたとき」だそうです。それはわかります。辛いですよね。それじゃあ、二番目はどうでしょう。なんと「上司といるとき」なんだそうです。若いころのことを思い出してみると、何となくそうだったような気がします。

最近はアフターファイブに上司とつきあうのを拒む人が多いと、多くの方から聞きましたが、こんなところにも原因がありそうです。一緒にいて嫌な気分になるくらいなら、一緒にいない方がマシと考えるのは自然なことでしょう。

自慢話ばかりをする上司、仕事の愚痴ばかり言う上司、人の悪口を言う上司、昔話ばかりする上司、説教ばかりする上司、自分が喋ってばかりいる上司、いろいろです。でも、これは上司に限ったことではありません。誰がやっても嫌なものです。

28

リーダーは、昔話より「未来の話」をしよう！

ムカシ　ムカシ　そのムカシ　いいことばかりがあったそな
ほんとに　ほんとに　いいことばかりで　ムカシって凄いんだな
（中略）
「あの日あなたは強かった」「あの日あなたは偉かった」「あの日あなたは華だった」
あの日　あの日で　うっとりさせ　駄目にする　気をつけなよ　ムカシって奴だよ
（中略）
ムカシ　ムカシ　そのムカシ
いいことばかりがあったそな

阿久悠作詞、宇崎竜童作曲、都はるみさんの歌『ムカシ』です。なかなか面白い歌詞でしょう？

部下が最も嫌うもののⅠつに、上司の「昔し話」があります。彼らの言葉で言うなら、「ウザい」ってところでしょうか。「ムカシは……したものだ」「ムカシならこれくらい……なんだけどなあ」。そうですか、そんなにすごかったのですか。だったら今ここで見せてくださいよ。

ムカシの話をする人に共通の特徴は、「今のことは話すことがない」「未来のことは話すことがない」です。いつも「ムカシが一番」で、「今はもう駄目」、その上に「これからもっと良くなることなんてない」のでしょう。ムカシのあのときで、時間も成長さえも止まっているのです。

部下が「ついていきたい」と思うのは、こんな上司ではありません。いつも溌剌《はつらつ》として、日々成長を続ける。いつも前を見て、「今より良い未来」を語ってくれる上司です。そんな上司の後ろ姿を見て、部下は育つのです。

29

「幽霊の正体見たり　枯れ尾花」人は自分の頭の中で想像したことを現実と錯覚する

シェイクスピアの4大悲劇をご存知ですか？　そうです、『リア王』『ハムレット』『マクベス』『オセロ』、すべて王の悲劇です。それぞれ題名を聞いただけで、目を閉じれば風景や場面が浮かぶほど臨場感があります。

中でも気がふれてヒースの原野を徘徊するリア王の姿、妻の不貞を疑って身もだえするオセロの姿は脳裏に焼き付いています。そして、この4大悲劇は、シェイクスピアの他の作品と際立って違うところがあります。それは題名に王の名前がついていることです。

彼が伝えたかったことは、「悲劇は外的な出来事によって起きるのではない。その出来事にどう反応するかによって起きるのである」です。オセロの悲劇はイアーゴの嘘によって起きたのではなく、それを真に受けたオセロの心の中で起きたのです。

ＡＢＣＤ理論というものがあります。アルバート・エリスが最初に使った理論で論理療法に入ります。Ａ（Activating Event)、きっかけとなる出来事。Ｂ（Belief)、その人に特有の受け止め方。C（Consequence）、受け止め方によって発生したその人ならではの理解。D（Dispute）、「こうしてやろう」と思うこと。

人が何かに反応するとき、一見すると相手の言動に反応したように見えるものです。しかし、実際は、彼／彼女が反応したのは、その言動に対して自分が抱いている思い込みに対してなのです。

たとえば、上司が部下にメールで質問を出したが、なかなか返事が返ってこない。そうすると、「すぐに返事を出さないのは上司をなめているからだ」という自分の思い込みに照らして、「こいつはおれをなめている」と受け取り、なめられたことに対して腹を立てるのです。

この部下は決して上司をなめていたわけではないかもしれません。外部のお客様からの依頼にお応えしていたかもしれませんし、誰かと話していたかもしれません。他に手が離せないことがあって、自身も焦っていたかもしれません。

このように、シェイクスピアのメッセージは５００年を経た今でも人の心のありようを映しています。つい日常でもやってしまいがちですね。部下に腹を立てる前に、自分の思い込みをチェックしてみる必要がありそうです。

30

部下は上司に扱われたように振る舞う。それを上司の期待として受け取るからです

イギリスの作家バーナード・ショー原作の『ピグマリオン』を基にした有名なミュージカル映画『マイ・フェア・レディ』。レックス・ハリソン扮する言語学者のヒギンズ博士が、オードリー・ヘップバーン扮する無学無教養な花売り娘イライザを一端のレディに仕上げるまでのストーリーです。

イライザはロンドンの下町コベント・ガーデンの市場で、１本いくらの花を売って糊口をしのぐ気性の激しい花売り娘。一方のヒギンズ教授は、言葉のアクセントから出身地の街まで当てることができる、当代の言語学者です。

イライザの潜在的な資質に目をつけたヒギンズは、彼女を自宅に連れ帰り、まずは言葉から直します。もちろん言葉だけでなく、レディとしての立ち居振る舞いも躾けて、最後はめでたく結ばれるというストーリーです。

レディに仕上げて行く過程では、さまざまな軋轢がありました。はじめは野良猫のように警

戒したイライザも、彼の熱心さにほだされて次第にヒギンズを信頼し、彼の指導に素直に従うようになります。そして上流階級の言葉や仕草も身につけます。

あるとき、イライザはヒギンズの鼻持ちならない言動に腹を立て、家出してヒギンズの母親の家にいます。迎えに行ったヒギンズに対して、彼女は昔の粗野な言葉とふるまいで彼を激しく罵るのです。熱心で良い教師のつもりでいたヒギンズには、何のことかわかりません。

問い詰める彼にイライザは言いました。あなたの友人のピカリング大佐は、私をレディとして扱ってくれる。だから、私も彼の前ではレディとしてふるまうのよ。あなたはいつまでも私を花売り女として扱う。だから、私もあなたに対しては花売り女としてふるまうの。

あなたが部下を勤勉で有能な人として接すれば、部下もその期待に応えて、勤勉で有能であろうとします。無能な怠け者として扱えば、部下も無能で怠け者であろうとするでしょう。部下に期待をかけるなら、かけた期待の通りに部下に接することが大切です。

31

リーダーの条件は、「第一に、従う者がいることである」

（ピーター・F・ドラッカー『経営者の条件』）

あの人がゆくんじゃ　わたしはゆかない
あの人がゆくなら　わたしもゆく
あの人　あの人
わたしはどっちのあの人か？　みつを

相田みつをさんの「あの人」という詩です。カレンダーの中に見つけました。マネジメント、リーダーシップの研修の中で受講者のみなさんに紹介しています。

部下との関係の基本はここにあると思います。上司の仕事は自分で成果をあげるのでなく、「部下が成果をあげること」です。上司は、「わたしもゆく」人あってこそです。「わたしもゆく」とは、自分の意思であり、役職や権限による指示や命令に従うという意味ではありません。

主役は「わたしもゆく人」、誰について行くかを決めるのは彼らです。仕事上の指示や命令には従うでしょう。しかし、そのことと「わたしもゆく」ことは違います。どの場合に指導が有効かは自明の理です。もともと部下指導で最も重要なことは「主体的であること」なのです。
特に社内の上司と部下の場合、指導する側と受ける側の関係はこのようなものだといいですね。

あの人が言うんじゃ　私はやらない
あの人が言うなら　わたしもやる
わたしはどっちのあの人か？

この質問に答えてみませんか？

32

「しなくてはいけない」とわかっているのにしないのは、わかっていないのと同じかそれ以下

小学生のころ雀の子を拾って育てました。よくなついて肩にも乗って、可愛い声で囀《さえず》ってくれました。拾ったばかりのころ、餌を作るために近所の八百屋さんに大根の葉っぱをもらいに行きました。「おじさん、葉っぱちょうだい」。

顔見知りのおじさんは気持ちよく大根の葉を一束くれました。それをもらって急いで走り去ろうとする私に、おじさんが「ありがとう」。一瞬変なおじさんだなあと思ってから、はっと恥ずかしくなりました。気づいて「ありがとう」と言う子供の私に、おじさんはニコリ。

最近不愉快に感じることがよくあります。ほとんどいつも同じようなことに関してなのです。それは無視できないほどに頻繁に起きるのです。そのたびにとても嫌な気分になります。受講者の方々にお話しすると、多くの方が同じような経験をしているようです。

最近もありました。ある朝、駐車場に車を止めて会社に向う途上でした。6メートル、片側一車線、対面交通の道路で、両側には90センチメートルほどの狭い歩道があります。一人で歩

くには十分な広さですが、歩行者がすれ違うには狭い道なのです。

私は車道に降りて、前から来た女性に道を譲りました。すると、その女性はこちらに視線を向けることさえなく、無表情に前だけを見つめて通り過ぎて行くのです。一瞬でもこちらを見て、軽く会釈の一つもするくらいのことを期待するのは間違いでしょうか。

ビルの入り口のドアなどでも同じような経験をします。一体どうしたのでしょう。無表情、無反応な人たちがあまりに多いように感じます。ごく稀に会釈を返してくれたり、礼を言う人がいると驚いてしまうほどです。食事をおごっても、「ご馳走さま」も言わない大人がいるくらいですからねえ。

会社でも街の中でも、そして家庭でも同じです。こんなことでは良い関係なんて作れっこありません。誰かの行為に対しては必ずそれを認めて、そのことを言葉や表情、態度に表すこと、これだけでどちらも良い気分になれます。

33

他の選択肢を持たない人にはハードパワーだけでも有効だが、選択肢のある人はソフトパワーでなければ動かせない

「オバマ米次期政権は、次の駐日大使に元国防次官補で現在ハーバード大学教授のジョセフ・ナイ氏（71）を起用する方針を固めたことが7日、明らかになった」という報道がありながら、結局実現することがなかった同氏は、現在も外交顧問を務めているようです。

ジョセフ・ナイ氏の著した『スマート・パワー』（日本経済新聞出版社）。現代は、軍事力や経済力などのハードパワー（押しつける力）だけで他の国々をリードするのは難しい、リーダーであり続けるには文化、対話などのソフトパワー（魅力・惹きつける力）で好感を得ることが重要という主張です。

昨年3月の東日本大震災のときに、世界中の国々から支援の申し出が引きも切らなかったことには感激しました。誰が命令したわけでもなく、お願いをしたわけでもありません。これこそが日本が過去に示してきたソフトパワーに対する好意の返礼だったと言えます。

経営者と従業員、上司と部下の関係も同じですね。役職や権限、評価や報酬、専門的知識な

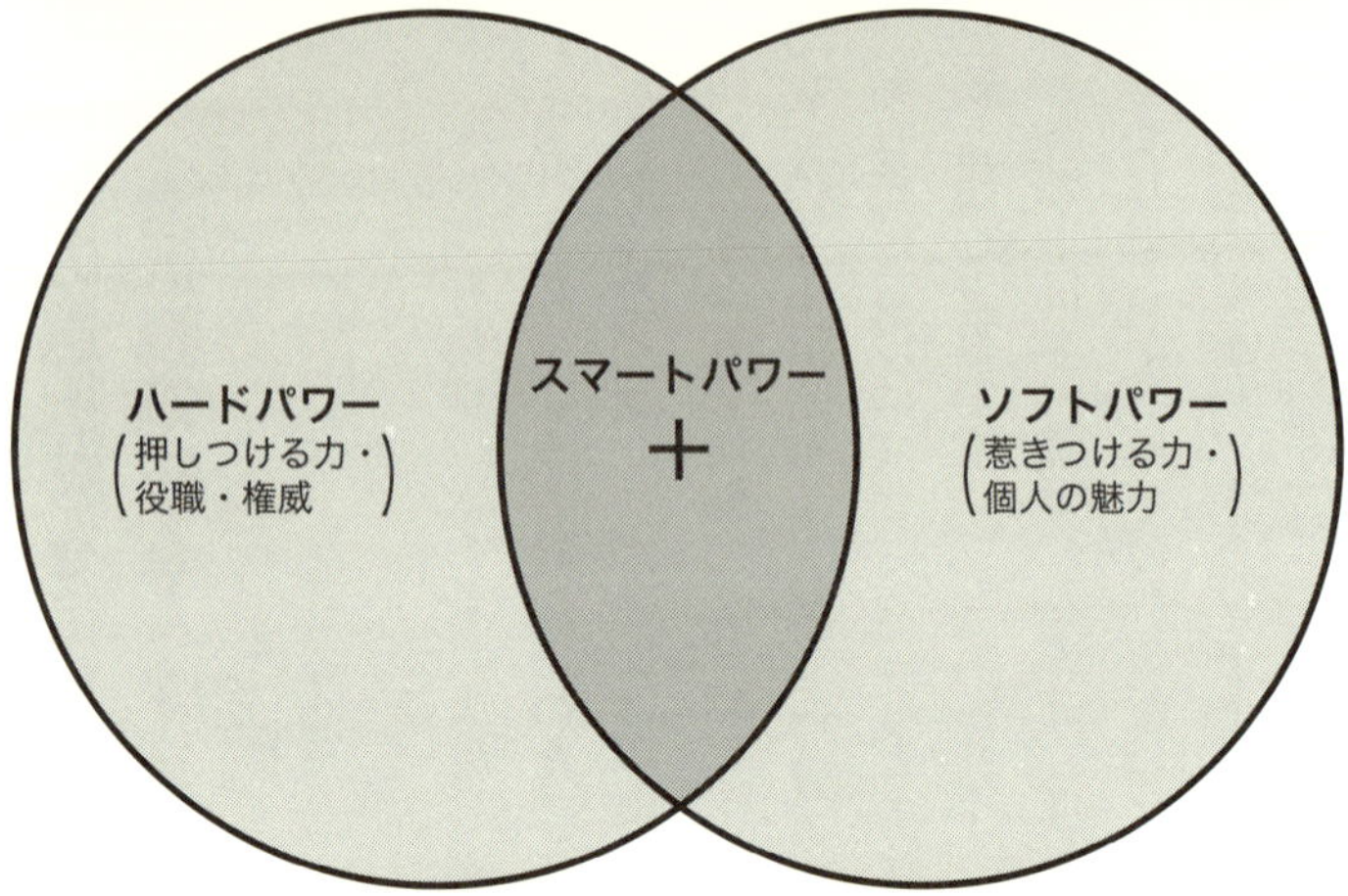

図９ スマートパワー（ハーバード大学　ジョゼフ・ナイ教授）

どのハードパワーで従わせることはできます。しかし、それだけでは必ずしも部下が喜んで働くことにはつながりません。「やらされ感」（嫌いな言葉）につながることさえあります。

部下が自発的に考えて仕事に取り組み、高い成果を生む組織に育てるには、経営者や上司のソフトパワー（魅力）が欠かせないものです。ここで言う魅力とは、仕事の能力もさることながら、教養や良識、思いやりの心、公平さ、コミュニケーション能力などです。

中国の胡錦濤国家主席は昨年秋の演説で、「これまで我が国はハードパワーだけでやってきた。これからはソフトパワーも必要だ」と明確に言いました。同じころ、ロシアのプーチン大統領も、「これからは話し合いで妥協点を見つけることが必要だ」と明言しました。

ソフトパワーを活かして、深い信頼関係を築き上げることで、ハードパワーによる指示・命令が効果を発揮するのです。

34

どんな風土を作るかは、メンバーの振る舞い次第、特に上司の振る舞い方次第

今、世界中の国々が内向きで、外に対しては強硬な姿勢をとると言われます。他の国々に対して、事あるごとに感情的で攻撃的な対応をする傾向があると言うのです。確かに貿易の問題、国境の問題など様々なことで他国を非難する光景をよく目にしますね。

私は映画が好きで、年間に１００本以上は見ますが、ここ数年の傾向は、筋骨隆々とした「強い男」が主役の映画が多いことです。ダニエル・クレイグ、ジェイソン・ステイサム、マット・デイモン、ＣＩＡや海兵隊の経験者が力で問題を解決するストーリーも多く見られます。

私はクルマも好きですが、クルマのデザインにもある傾向が見られます。その傾向とは、フロントグリル（正面から見た姿）が攻撃的になっていることです。どのメーカーのクルマもへッドライトが切れ長に吊り上って怒ったように見えますが、これも前述したことと無関係とは思えません。

会社の中にもそんなことはありませんか。パワハラが多くなったり、何かにつけ感情的にな

る人が増えていないでしょうか。上司が部下に、同僚同士で、部下が上司に対して攻撃的な風潮も見られます。全体的にヒステリックになっているように感じます。

神経質で感情的で攻撃的な上司。いかがですか、一緒に働きたいと思いますか。誰かを怒らせてしまうことをたとえて、「地雷を踏んだ」などと言いますが、そんな上司と一緒にいることは、まるで地雷原の中にいるようなものです。そんな人の部下であることは耐えられません。

私はそんな風土を「アグレカルチャー」と呼んでいます。「アグリカルチャー」（農業）ではありません。アグレッシブ（攻撃的）なカルチャー（文化）という意味です。そんな会社をときどき見かけます。みんなピリピリ・トゲトゲしています。

そんな風土だと生産性など上がるはずもありません。そんな環境で上司から指導されたくなんかありません。風土があって人がふるまうのではありません。「人がふるまって風土ができる」のです。

35

部下との関係だけでなく、周囲の人たちとの関係を良いものにするために、自分の心をコントロールする術を身につける

昨年3月、私は福岡市の都市高速を東に走っていて、すごい光景を目の当たりにしました。生来の短気で「性格だから仕方ない」と開き直っていた私ですが、そのときを境に「これからは何があっても自分の感情をコントロールしよう」と強く思ったのです。

その日の私はホンダS2000、前を行く赤いスポーツカーと2台で追い越し車線を走っていました。速度は時速約100キロ。2台の前には昨年来とみに増えたシルバーのハイブリッドカー、追い越し車線を悠々と走り、後続に道を譲る気配もありません。

スポーツカーはシルバーのハイブリッドに張り付いて煽りました。これに腹を立てたハイブリッドは短くブレーキを踏んで反撃します。私はこの点灯するブレーキランプを見た瞬間に危険を感じて、スピードを落とし、100メートルほど後ろに下がり距離を置きました。

ブレーキに切れたスポーツカーはもう一度煽る。それに逆切れしたハイブリッドがもう一度ブレーキを踏む。ここからが予想外でした。我を忘れたスポーツカーのドライバーは、一旦左

の走行車線に出ると、右に急ハンドルを切ってハイブリッドの横腹に斜めに突っ込んだのです。

ドンという音に続いてクシャクシャと銀紙を丸めるような音が聞こえます。スポーツカーは跳ね返って左にスピンしたまま走行車線を越えて壁に激突、こちらを向いて止まりました。ハイブリッドも右の中央分離壁にぶつかった後、反動で走行車線を越えて止まりました。

映画のようなすごい事故ですが、これなんか技術的な問題ではありませんよね。ただ2人とも怒りに我を忘れてしまっただけです。つまり、心の中で起こした交通事故なのです。多くの事故ってこうして起きるんだろうなと改めて思いました。

人と人との関係も正にこれと同じです。それが高速道路上で起きるか、家庭や街中、オフィスの中で起きるかだけの違いです。交通事故も人と人の諍いも同じです。諍いとまではいかなくても言い争いや心の中でののしることもです。

この例を、コミュニケーションに当てはめれば「売り言葉に買い言葉」とでも言えばいいでしょう。それが関係を築く上では大きな障害になります。どちらも「自分に責任がある」とは思っていません。しかし、事故は現実です。取り返しはつきません。

36

「部下の方から来るべきだ」と待っていてはいるだけでは関係は築けない。上司から働きかけることで劇的に距離は縮まる

２００９年に発足した、オバマ政権のヒラリー・クリントン国務大臣が就任後初めての訪問先としてアジア諸国を歴訪しました。日本、インドネシア、中国、韓国と精力的に訪問、行く先々で満面の笑みをたたえて関係作りをアピールしていましたね。

その中でのキーワードは「outreach」という言葉でした。クリントン氏が示していたのもこれだったのです。その意味は「働きかけ」と訳されていました。よい関係を築くには、好意を示して自分の方から「働きかけ」ることが必要なのです。

日本では拉致被害者の会の方々と面会して彼らの意をくみとる姿を見せ、インドネシアではオバマ大統領が幼少期を過ごした村の学校を訪問して、子供たちと談笑する姿が映し出されました。他の項にも書いた「empathy」、思いやる心を見せたとも言えます。

これはハードパワーで相手をコントロールするやり方から、ソフトパワーで関係をリードしようという方針への転換を表しています。対話や文化を通じて、魅力で惹きつけることでより

良い関係を築こうとしたのです。

上司と部下の関係に置き換えてみましょう。「部下から挨拶するのが当然だ」と思っている方がいらっしゃいます。「最近の若い社員は満足に挨拶もしない」と憤懣《ふんまん》やるかたない様子。自分の方から満面の笑顔で挨拶してみませんか。きっと気持ちの良い挨拶が返ってくると思います。

内線電話や大声で、部下を自分のデスクに呼びつけて話をしている方、ときには自分の方から部下に歩み寄って話しかけてみませんか。部下の変化に気づいて声をかけてみませんか。自分の方からリーチアウト（働きかけ）することで、関係がさらによくなると思いますよ。

37

「他人の気持ちがわかる」ことと、「冷静で落ち着きがある」ことがリーダーの条件

２００９年秋、アメリカ大統領選でオバマ氏が勝利しましたが、史上初のアフリカ系アメリカ人大統領の誕生という歴史的な出来事でした。翌年の1月にワシントンで行われた就任式には、史上最高の３００万人の参列者がありましたが、そこにもオバマ氏の人気の程がうかがわれました。

ニュースを見ていて、彼を評した言葉で印象的なものが2つありました。「Empathy」と「Stability」です。この2つの言葉が、彼が多くの国民の支持を得る上で重要な意味を持ったと言われていますが、日常の人間関係においても同じことが言えると思います。

まず「Empathy」（エンパシー）、辞書によると「他人の感情や問題を理解する能力」とあります。自分の立場や考えをわきに置いて、相手を思いやることと言えます。それが「この人ならわかってくれる、わかってもらえる」という安心感につながるのです。

もう1つは「Stability」（スタビリティ）。辞書によると「状況が一定していて変わらない

こと」とあります。予備選と本選を通して激しい個人攻撃にさらされましたが、オバマ氏は決して感情的に反撃することはなく、常に冷静に自分の主張を繰り返していました。

彼の弱みは外交経験のなさと言われました。しかし、選挙を通して彼の姿勢を見た人たちは、「経験はなくても彼ならどんな場面でも冷静かつ的確に対応してくれる」という期待を抱いたのです。それだけではないでしょうが、大きな要素であったことは間違いありません。

日常の人間関係、会社内の上司と部下の関係においても同じですね。「この人にならわかってもらえる、この人なら安心だ」と部下が感じたときに、「その人について行きたい」という気持ちになるのではないでしょうか。

上司たるもの、自分の立場や考えだけにとらわれずに部下の気持ちを思いやり、どんな予想外の突発的な出来事にも冷静さを失うことなくクールに対応する。そんな存在でありたいですね。

38

自分の持つ偏見や思い込みをわかっていなければ、重大な失敗につながる

過日、とても面白い映画を見ました。先入観を持つことがどんなに大きな問題であるかを、今更ながらに思い起こさせるものでした。題名は〝Just Cause〟（邦題は『理由』）、1995年にアメリカで製作された、フロリダを舞台にしたサスペンス映画です。

元弁護士で、現在はハーバード大学ロースクール教授で、死刑に反対するリベラルな法律学者ポール・アームストロング（ショーン・コネリー）が、殺人罪に問われて収監されている黒人青年ポールの事件を調査します。

調べて行くうちに、人種差別的な警察官の態度や、自白を強要したことが明るみに出たことで、冤罪を疑い始めます。そして再審を求めて無罪が確定し、黒人青年ポールは晴れて無罪が確定するのですが……。

この映画には本当に騙されました。人間が、そして自分が、如何に先入観に囚われやすいかを思い知らされました。もちろんハーバード大学・ロースクールの法律学者ポールでさえ騙さ

れるのですから、素人の私は仕方ないかもしれませんね。

法律学者のポールが妻に頼まれて調査を決心した瞬間に落とし穴がありました。「貧しい黒人なのにコーネル大学に入学したんだな」と、同じアイビーリーグの大学に在籍した黒人青年に感心します。この一言で、〝これは冤罪に違いない〟という先入観が私に芽生えました。

と言うより、〝冤罪を扱った映画で、それを元弁護士のハーバード大学教授が解決すると言う映画なんだ〟と考えてしまったのです。自称映画通が、監督のトリックにはまった瞬間です。学歴に対する先入観に眼が眩んで、冤罪であることが既成事実に思えました。

以前に会社員だったときにも、同じような失敗を何度も経験しました。もちろん映画の中ではなく、現実の仕事の中でです。採用のとき、配置のとき、教育のとき、仕事を任せるとき。先入観を持ってはいけない。わかっているはずなのに、幾度となく落とし穴に落ちたものです。

日経新聞のコラム欄「春秋」に、印象派の巨匠ポール・セザンヌの言葉がありました。「画家は、自らのうちで先入主の声をすっかり黙らせなくてはいけない」（『セザンヌ　絶対の探求者』山梨俊夫編・訳　二玄社）。これは画家に限ったことではありません。誰に対しても忘れてはならない戒めです。

第4章

部下のモチベーション（やる気）を引き出す

【イントロダクション】

(1)やる気のない部下はいない

チームマネジメントにおいては、構成メンバーの一人ひとりが主体的に仕事に取り組める環境を作ることが重要です。そして、主体的であることと、モチベーションの高さとは強い相関関係にあります。相関というよりはむしろ、因果関係、しかも双方向に働く強い因果関係にあると言えます。

モチベーションは、意欲、やる気、いろいろな言葉で表現されます。そして、皆それぞれにいろいろな理屈をつけて説明をしたがります。しかし、そんな議論に意味はありません。結局のところは、「どれだけ骨身を惜しまずに、仕事に打ち込むか」に他なりません。どんな言葉で表そうと同じです。

研修の受講者にいつも「やる気のない部下を持ったことがある人はいらっしゃいますか?」と尋ねると、80%くらいの方が手を上げます。ことほど左様に、上司は「やる気のない部下」

に困っているのです。

今度は、「やる気のレベルが１００％の方はいらっしゃいますか？」と尋ねます。もちろん照れもあってのことでしょうが、ほとんど手を上げる方はいません。

「それじゃあ80％以上の方は？」

ここで１人か２人は手が上がります。

「60％〜80％の方は？」

ここまでくると、さらに数名の方の手が上がります。ここで手を上げる方が最も多いことに気がつきました。ここで手を上げられなければ、少し後ろめたい気持ちがあるのでしょうか。

「40％〜60％の方は？」

ここにも数名。

「40％未満の方は？」

ここではほとんど手は上がりません。

さらに質問を続けます。

「80％以上に手を上げた方、すごいですね。ところで、その方々は、仕事を始めてからずっとそのレベルを維持しているのですか？」

ほとんどの方は「いいえ、そんなことはありません。何度も低くなったことがあります」とお答えになります。

反対に、「40%〜60%に手を上げた方、何だかつまらないのですね。仕事を始めてからずっとそんな調子ですか?」と尋ねます。ほとんどの方が「いいえ、そんなことはありません。初めは100%でしたが、だんだん下がって来たのです」とお答えになります。

「ここが一番大切なことなんです。これだけは忘れないでください。〝やる気のない人〟なんていないってことです。みなさんもやる気のない人ではないでしょう。ただ、何かの理由でやる気をなくしているだけのことなのです。決してやる気がない部下と思わないでください」

私もそうです。ここ数年はやる気のレベルは概ね90%以上で維持できています。しかし、それでも「いつもそうか」と言われると、決して「はい」とは言えないものです。日によって下がるときもあれば、一瞬にして下がってしまうことだってあります。私がそう言うと、「えっ、長田さんでもですか。いつも100%だとばかり思っていました」と言います。

馬鹿なことを言わないでください。私はサイボーグではありません。感情を持った生身の人間です。それに、そんな人間は見たことがないし、少なくとも私の周囲にはいません。

いや、いました。仕事関係の女性です。ここ数年、毎日のように深夜まで仕事をしていますが、やる気をなくしたのを見たことがありません。どんなに大変でも淡々とこなしています。やっぱり日本の女性はすごい。

図 10　三段論法

上司の成果は「部下が成果をあげる」こと

↓

部下の成果は「やる気」によって決まる

↓

∴上司の仕事は部下のやる気を引き上げること

「ただ見れば　何の苦も無き水鳥の　足に暇なき　我が思いかな」かもしれませんが……。

部下のやる気は上司の責任です。上司次第でもあり、上司が引き上げなければならないという意味です。上の図のような三段論法で説明することができます。

しかし、もし「やる気のない部下」であるならば、やる気を引き上げることも、引き出すこともできません。だって「ない袖は振れぬ」ですから。何らかの理由で下がっているものだから、誰かが引き上げることもできるのです。指導の前にこれが必要です。

一般的に、面と向かって、構えて行うコーチングは目標を設定します。やる気をなくしている人にとっては、目標を設定することは困難です。それもわかる気がします。そんな気にはなれないでしょう。まずはやる気のレベルを少し引き上げて、それから出直しです。

(2)やる気を引き出す

モチベーション理論、つまり（部下の）やる気を引き上げるために必要なことを説明したものには、大別して2つあります。まず、①コンテンツ理論。何がやる気を左右するかについて述べたものです。その中の一つに、有名なアブラハム・マズローの「五段階の欲求説」があります。もう一つが、②プロセス理論。どうやってやる気を引き上げるか、というものです。

後になってトランスパーソナル心理学を勉強したときに、実はマズローは後に六段階目の欲求について述べていると知りました。五段階目は自己実現ですが、どんなに立派な欲求でも自分の欲求に他なりません。達成してしまうと、目標を見失うこともあるというのです。一種のサミット症候群なのでしょう。そこで、自我を超えるより高次の欲求を必要とするのです（余談）。

プロセス理論には、4つあります。①目標設定理論、②期待理論、③強化・学習理論、④公平理論、です。何れも上司の仕事と非常に密接に結びついています。それもそのはず、繰り返しになりますが、部下の意欲を引き上げることは上司の仕事です。一つずつ説明します。

図11　プロセス理論

1	自ら設定した、少し高めの「明確な目標」があること
2	「できる」と思っていること、「報酬への期待感」があること
3	適切なタイミングで「肯定的なフィードバック」があること
4	「公平感」を感じていること

①　目標設定理論

文字通り、やる気を引き上げることにつながる目標設定の方法を示しています。簡単に言えば、「自分で立てた、少し高めの、明確な目標」があることです。

「自分で立てた」については別の項で詳しく書いています。少なくとも目標には自分の意思が反映されていること、押し付けられたと感じるものではないことが、非常に重要です。仕事であろうと学習であろうと、遊びであろうと、主体性を奪われたときに、人はやる気をなくします。

②　期待理論

やる気に関わる3つの期待があります。①自分に対する期待、②報酬に対する期待、③達成がもっと大きな目標（ビジョン）につながるかの期待です。

「自分に対する期待」とは自信のことです。何かをなそうとしたときに「私ならできそうだ」と感じられることです。そのためには、幅広い経験をし、様々な技術を試すことです。上司の役目は、「やってみてごらん」と部下の挑戦を支援する姿勢です。

「報酬に対する期待」とは、金銭的なものを指すものではありません。金銭は麻薬のようなもので、与えると一時的に高揚しますが、次第に刺激をなくします。悪いことに、それ以降は、「ないとやる気にならない」部下を作ります。ここではもう少し健全な報酬を考えます。外からのものとしては、「ほめる」「認める」「喜ぶ」「感謝する」などがあります。

何かをしたとき、これらの報酬が期待できるかです。有り体に言うと、「喜んでもらえそうか」ということです。それが期待できるときにはやる気が出るし、期待できなければやる気が失われるのです。これは誰しも記憶をたどれば思い当たることだと思います。

内からのものとしては、「達成感」や「自信」「成長」などがあります。目標設定理論で「少し高めの目標」と言ったのはこれと関わります。少し高めのものをクリアしたときに、達成感や成長が実感でき、自信が生まれます。できてあたり前の目標では、これは得られないものです。だから目標は、今のレベルより少しだけ高くなければならないのです。

「もっと大きな目標につながるか」も重要です。なぜならそれが「目標を達成することの意味」、つまり、「何のためか」だからです。これがない目標は、「達成できなくても構わない」ものになってしまい、途中で投げ出してしまいやすくなります。

③ 強化・学習理論

難しい言葉で言えば、「人は将来の報酬を最大化する行動を選択する」。簡単な言葉にすると、「人は褒めてもらえそうなことを選んで行う」。つまり「人は褒められたことを繰り返す」のです。褒められることのうれしさを知っているからです。

学習というのは、こうすれば「報酬をもらえるんだな」、つまり親や上司に「喜んでもらえるんだな」「褒めてもらえるんだな」と学ぶことです。そして強化するというのは、何度でも繰り返して報酬を得ようとする、つまり褒めてもらおう、喜んでもらおうとすることです。

小さな子供が、親の喜ぶ顔を見たくて、大好きな親が喜んだ仕草を何度もして見せる光景は微笑ましいものです。反対に大好きな親に叱られたことは、しないようになるのと同じです。

反対のことも起こります。何をしても喜んでも褒めてもくれないのに、悪いことをしたときだけは「叱ってもらえる」。これも彼らにとっては歪んだ形の報酬です。

これを英語では〝Look at me〟と言います。日本語では「見てくれ症候群」とでも言えるでしょう。たとえ叱られるのであっても、まったく見てもらえないよりはまし、つまり悪いことをすれば「叱られる」という報酬をもらえることを学習してしまうのです。大人にも起こります。

大人げないようですが、どんなに歳をとっていても、「大人げなくない大人」など見たことがありません。みな、大なり小なり同じような傾向は持っています。子どもより多少老けて見えるだけです。上司は、部下のそんなところも理解していなければなりません。

「そんなことはやって当然だ」と思っても、一つひとつ、目に留めてください。大げさに褒める必要などさらさらありませんが、「見たよ」というサインだけは送ってください。

④ 公平理論

「公平感を感じているか」が問題で、それを感じられないときにやる気をなくすというのです。仕事柄、大勢の働く人と接する機会がありますが、自分が公平に処遇されていると感じている人が少ないのには驚きます。

公平には「結果の公平」と「過程の公平」があります。結果の公平は、たとえばお菓子を分けたときに、それが正確に半分に分けられていることです。これにこだわる人もいます。一方で、過程の公平は、お菓子の分け方を決めて、「それでいいよ」と分け方に納得していることです。

これは組織の中でいろいろなところに現れます。顕著に表れるのが、給料やボーナス、昇進や昇格、配置、担当する顧客まで。果ては、声をかける回数、一緒に食事する回数、飲みに誘う回数、仕事を頼む回数まで、何から何までその対象になります。厄介なことです。

給与やボーナスであれば、わかりやすい「分配のルール」を決めて、それに同意してもらえば、問題はかなり少なくなります。しかし、完全にはなくなりません。人は誰しも自分が他の人より高く評価されるべきだと、内心、本気で思っているようですから。

中でも大変なことは、嫉妬は近い人にほど持ちやすいことです。子供のころですと、お兄ちゃんと弟、「いつもお兄ちゃんばっかり」とか、「歳が下だからといって」と対抗心をむき出しにします。大人になるとさすがにむき出しにはしませんが、それだけ内に秘めたものは凄まじい嫉妬の炎が燃え盛っているのです。

これが部下のやる気に直接つながります。バカバカしいことなのですが、上司としては意識して「不公平感」をなくすようにしなければなりません。

39

誰にも理解されず孤軍奮闘するのは辛いもの、たった1人の味方でも一騎当千

ウィル・スミス主演の映画に『ハンコック』があります。ストーリーは相変わらずの〝ハリウッド映画〟ですが、私の担当の美容師さんがとてもよく似ていることもあって、ウィル・スミスには親しみを感じるのです。こういうのを心理学用語では「陽性転移」というようです。

主人公のハンコックは、本当は神が創った不老不死の生命を持つスーパーヒーロー、遠い昔から人間の命を守っているという設定です。しかし、現実の彼は事故で記憶をなくしたため、いつも酒に酔っていて、無意識に悪を退治するけれど、やり方が荒っぽいために人気がありません。

市民からは〝Ass hole〟（ロクデナシ）と呼ばれ、事件解決を手伝っても、警察の無能さを馬鹿にするために、警察からも邪魔者扱いされます。力も善意もあるのに、誰からも認めてもらえず、頼りにもされない彼は、腐ってさらに荒っぽくなっていきます。

彼の行動を変えるきっかけは、一人の男性が彼をヒーローと認め、周囲の非難から守ろうと

したことです。徹頭徹尾ハンコックの味方になり、一方では周囲に受け入れられるために周囲を尊重することも厳しく教えます。ハンコックがあきらめかけても、彼は決して投げ出しません。

彼に言われてハンコックが最初に覚えた相手を承認する言葉が、〝Good Job!〟（よくやった）です。警察官に対してこの言葉を繰り返し口にします。次第に警察官からも〝Good Job!〟と声をかけられ、支援を頼まれるようになり、それにつれて彼のふるまいもさらに良くなります。

誰かが認めてくれること、無条件に信じてくれること、そして良くも悪くもフィードバックしてくれること。日常のこんな簡単なことが人の気持ちもふるまいも、そして人への考え方も変えることを伝えています。上司と部下、教師と生徒、親と子、どこにでも言えることです。

40

部下がやる気になる秘訣は、上司が「君に注目しているよ」とシグナルを送ること

夏の風物詩（?）と言えば暴走族もその1つです。と言っても、最近では暴走している姿をあまり目にしたことがありません。信号が赤になれば止まって待つし、追いつけないスピードで走る姿も見かけません（間違いなく、私の方が数段速い）。どちらかと言うと、わざと遅いスピードで、アクセルを吹かして大きな音を立ててるだけです。

彼らはなぜそんなことをするのでしょう。答えは簡単、みんなに見てもらいたいからです。もし、どこかの無人島に放り込んで、「好きなだけやってごらん」と許可を与えたとします。きっとやる気にはならないでしょう。

沖縄には仕事でよく出かけるのですが、那覇市の北に新都心と言われる場所があります。返還された米軍用地が再開発されて、免税店や飲食店、オシャレな住宅が並びます。「長田さん、ここは暴走族が集まるから、週末の夜なんかはあまり近づかない方がいいですよ」と、私の友人が言いました。

一方、那覇市に隣接する浦添市から宜野湾市に向って北に伸びる海岸沿いの道路は、コンベンションセンターなどが集まり、車線も多く広々として、長い直線が続きます。「ここなんかスピード出せそうですね。暴走族が走るにはもってこいですよ。ここには来ないんですか？」と尋ねてみました。

「ここには来ませんよ、だってギャラリー（見物客）がいませんから」という返事。見てくれる人がいないと、暴走族もモチベーションが上がらないのです。正直なところ、少しがっかりしました。もう少し骨のある孤高の走り屋をイメージしていたのですが……。

彼らだけではありません。大人も子どもも、男も女も、私の3匹のネコだって、みんな同じようなものです。見てくれる人がいないと、自分の存在が確認できない。確認できなければ生きている実感さえ持てません。見てもらうためには悪いことだって平気でやるんですね。

41

悪いところを見ても、悪いことが起きるだけ。良いところを見ると、良いことが起きる

弊社がコラボレーションする、横浜にある教育機関専門のコンサルタントが主宰するセミナーに参加しました。経営についてのセミナーでしたが、生徒に対するコミュニケーションに関するレクチャーで、ペアワークが興味を惹きました。

ペアを作って向かい合い、お互いの「良いところ」をできるだけたくさん見つけて、書きとめます。次に1～2分間ずつ、順番を決めて、書きだした「相手の良いところ」を伝え合います。とても単純なことですが、私も自分の研修に取り入れてみて、とても好評です。

ルールは、「伝えられる側は、決して謙遜などせず、素直にその言葉を受け止める」というものでした。伝える側は、相手の目を見て、はっきりと伝える。そして、与えられた1分間、何度でも繰り返し伝えるというものです。2つか3つしか書いていないと、同じことを何度も繰り返さなくてはなりません。それはそれで悪いものではありませんが。

最初は照れもあって、なかなか言えないようですが、次第に気分が乗ってくると、だんだん

声も大きくなります。時間にしてわずか数分の出来事ですが、会場には笑い声が溢れ、その前と後とでは場の空気が大きく変わっていました。

もう1つ、先に言う人よりも後で言う人の方がより本気で伝えているのがわかります。先に自分の良い点を認めてもらったことで、相手の良い点を認めようという気持ちが強くなったようです。これを「返報の法則」と言います。してもらったことにお返しするのです。

その数分間、伝え合うときにはどちらも素晴らしい表情でした。良いところを認め合い、それを言葉にする。それだけの簡単なことが全員の表情まで生き生きしたものに変えたのです。わかっていたはずのことなのに、目の当たりにするとこれは驚きでした。

あとで感想を聞くと、素直に「嬉しかった」「気持ち良かった」「その通り、その通り」と女性は一般的に満足げです。一方、男性は、普段の職場では言われることがないから「照れくさい」「恥ずかしい」と言いますが、やはり「悪い気はしない」と口々に言います。

「良いところを見て伝える」とき、「良いところを認められる」とき、人はあんなにも楽しそうな顔をするのだということを改めて感じます。こんなことが当たり前の風土になると、組織の中はいつもあのように明るい、楽しげな顔で一杯になるのでしょう。

42

肯定的な表現を使えば、物事が簡単に見える。できそうに思える、してみたくなる

２００８年の北京オリンピックで、出場選手が続々と記録を塗り替えるのを毎日のように目にしたのが水泳でした。日本だけでなく、ほかの国でも新記録が続出しました。そのほとんどの選手がイギリス・スピード社のレーザーレーサーを着用していたことも話題でした。

日本の北島康介選手もその中の一人。当時の世界記録保持者として、並み居る競合から「獲物」と言われていました。その北島選手と二人三脚で偉業を達成したのが平井伯昌コーチです。新聞記事によると、彼がコーチとして一貫して心がけたのは「否定語を使わない」こと。「……をやっちゃいけない」「これはだめ」と言う表現を使うかわりに、平井コーチが意識したことは「こうしようか……」「このやり方はどう思う？」と自身の考えを選択肢として提示することでした。北島選手に「考えさせる」ための発言をしたそうです。

これは単にテクニックの問題ではありません。相手を「一人のオトナ」として接することにつながります。「否定する」とは、自分の考えが正しい・優れている、君の考えは間違ってい

る・劣っていると伝わり、相手に考える意欲を失わせてしまうのです。

研修中に質問の練習をします。誰かの発話に対して他の人が関連した質問をするという設定です。たとえば「私は47歳で会社を辞めて独立しました」に対して質問するとします。必ず出る質問が「不安はありませんでしたか？」です。２つの否定語がありますね。

「それを肯定的に言い換えるとどんな言い方があるでしょうか？」とたずねると、なかなか出ません。普段の思考がそうなっているのでしょうね。たとえば「自信はありましたか？」「どんな未来を描いていましたか？」と訊くとどうですか。随分違った感じを受けるでしょう。

自分が日頃どんな表現をしているか意識してみてください。そして「否定的な表現」が頭に浮かんだときに、「肯定的な言葉にすれば、どんな言い方があるだろうか」と考えてみてください。きっと部下のモチベーションを上げる表現が見つかると思います。

蛇足ですが、私の顧客企業の課長さん、２人の信頼する部下と一緒に、「肯定的な表現を使おう」と約束しました。否定的な言葉を使うたびに50円をビンに入れるというルールです。結構な金額になると言っていましたが、今頃はいくら貯まっているでしょうね。気になります。

第5章

コミュニケーションに強くなる

【イントロダクション】

(1)コミュニケーション

チームビルディングにコミュニケーションは欠かせません。特に、リーダーのコミュニケーション能力がチームの成果を左右します。

コミュニケーションに関する本は、いつも書店の棚の大きなスペースを占めています。企業や組織の研修の中でも最もポピュラーなものの1つで、誰もが最も頻繁に学ぶことの1つではないでしょうか。しかし、最も上手くできていないことの1つでもあるようです。

イギリスの劇作家ジョージ・バーナード・ショーの言葉を借りれば、「コミュニケーションにおける最大の問題は、それが完璧に行われているという錯覚である」と言えます。みんな「他人はできていないけど、自分は上手くできている」と思っているようです。

いろいろな書物を読むと、しなくてはならないことがたくさん出てきます。中には〝相槌の打ち方〟などという馬鹿げたものまであるのには驚きます。私は、日常的に仕事をするうえで

図12 コミュニケーション能力

1	相手の言うことに耳を傾けて『聴く』
2	相手の気持ちや考えを『受け止める』
3	相手の伝えたいことを『確認する』
4	相手との対話を深めるために『質問する』
5	相手が理解できるように『説明する』

受信／発信

	意味
非言語（視覚）	どう見えたか？
準言語（聴覚）	どう聞こえたか？
言語	何と言ったか？

コミュニケーションの4要素

1）文法・語彙	大人に相応しい、美しい言葉を使えること 語彙が豊富で、相手に正しく伝えられること
2）方略性	相手の理解する能力に併せて、様々な言い方や喩え話で表せること。
3）社会言語	立場や関係に相応しい言葉遣いができること。典型的な例が、敬語を正しく使えること。
4）文脈理解	行間が読める、言外の言を察知できること。本当にわかって欲しいことを汲み取れること。

必要なことは、以下の「5つ＋2つ」の合計7つだと考えています。

1　人の話をよくきく
2　否定したり決めつけたりしないで受け止める
3　理解に間違いがないか確認する
4　必要なことを質問する
5　求められれば説明する

コミュニケーションの免許皆伝にでもなるつもりでなければ、この5つのことが適切にできれば十分だと思います。

2つというのは、

1 非言語コミュニケーション……態度や姿勢、表情や目つき、仕草や動作、服装や持ち物など、相手の目に見えるものを指します。

2 準言語コミュニケーション……口調や言葉遣い、話し方や使う用語、抑揚や速さ、声の大きさなど、耳に伝わるものを指します。

(2)コミュニケーションの4要素

この他に、重要なことが4つあります。第二言語外国語修得時に必要とされるものですが、母語においてならなおさらです。しかし、今これらを身につけた人は極めて稀です。人に影響を与える立場にある人には、ぜひ身につけていただきたいものです。

1 文法・語彙

大人として恥ずかしくない、美しい言葉を使えること。語彙が豊富で、相手に正しく伝えることができること。最近は耳を疑うような日本語を平気で使う人が多いです。話すことを職業にする人でさえ例外ではありません。

2　方略性

うまく言葉が見つからないときに、それを別の言い方で表現できること。相手が理解できる言葉やたとえ話に置き換えることができること。伝える目的は、相手に理解してもらうことです。そのためには〝相手にわかる言葉〟でなければ、独りよがりになってしまいます。

3　社会言語

立場や関係に相応しい言葉遣いができること。典型的な例が「敬語」です。たとえば、目上の人に対してぞんざいな口をきいたり、お客様に対して馴れ馴れしい言葉を使うなど、もっての外です。また、パートナーに対して、「お話したいことがあるのですが、お時間をいただけませんか」などと敬語で話しかけること、これもまた怖いものです。

4　文脈理解

古い表現で言えば、行間が読める、言外の言を察知できること。言葉の表面的な意味だけでなく、その時の状況から話し手が本当にわかってほしいことを読み取れることです。少し古くなりますが、「KY」（空気が読めない）というのがありました。これができないことをそれなりに表した言葉です。

43

自分が〝してほしいこと〟をするのではない。〝してほしくないこと〟をしないこと

「己の欲せざる処は他人に施すなかれ」（『論語』）

昔から言われています。そして今も言われ続けています。いや、今では口に出して言われることさえなくなってしまったかのようです。現代文に直せば、「自分がされて嫌なことは他人にしてはならない」という意味です。蛇足かもしれませんが。

一般的に言って、人は自分に対して嫌なことをした人を嫌いになるか、少なくとも好きにはなりません。敵意を抱くかもしれませんし、相手に対して、自分がされたと同じことをするのは当然です。部下が自分に嫌な態度をとったら、自身がそうしていないか疑ってみることです。

コミュニケーションに関わる研修の中で、「自分が話し手であったときに、聞き手からされて嫌だったことにはどんなことがありますか？」と尋ねます。ほとんどどこで尋ねても答えは同じです。されて嫌なことはみんな同じのようです。

途中で遮られた、話の腰を折られた、否定された、自分の話にすりかえられた、違う話に変

えられた。これらは、聞き手自身が話したい気持ちを抑えられなくなった結果です。いつでも自分が主役でないと我慢できない。そんな気持ちが強いのでしょうね。いわゆるお山の大将です。自分が他人より知っている、優れているという気持ちの表れです。それが相手を不快にします。

他には、話の途中で電話に出る、他のことをしながら聞く、時々携帯を見る、他の人と話しだす、途中で席を離れる。あり得ないようですが、確かにいます。私もこの目で何度も目撃しています。自分の目の前にいる人を大事にできない、自己中心的な人、そんな人とは話す気をなくします。

無表情、無反応、上の空、目が泳いでいる、返事がない、相槌さえ打たない、などなど。聞いてもらえないこともよくあるようです。これも間違いなく、どこにでも生息しています。とても失礼です。当人はそんなつもりはないと言いますが、つもりは関係ありません。

目を合わせない、睨みつける、怒りだす、溜息をつく、舌打ちする、貧乏ゆすりをする、眉間にしわを寄せる、首をかしげる、などもです。本人は知ってか知らずか、相手にとっては堪らないことです。無意識に相手を威圧して、自分の力を誇示するのです。人として未熟です。

44

どれだけ早く、重要な情報が届けられるかは、あなたの聞き方次第

「コミュニケーションは知覚の対象である」（『マネジメント』）

ピーター・F・ドラッカーがコミュニケーションについて述べた4つの有名なフレーズのうちの1つです。とても面白い表現だとつくづく思います。意味するところは、「何と言われたか」ではありません。「何と言われたと感じたか」が大切なのです。

わかりやすく言うとすれば、「コミュニケーションは理屈じゃない、感覚なんだ」「頭でするもんじゃない、心でするものだ」「言葉をやり取りするんじゃない、感情をやり取りするんだ」と言っているのです。これがわかっていない人が多いのには驚きます。

先日もまさにそれを裏づけるような話を聞きました。総合病院の総務部長さんからです。その病院の医師やコメディカルの管理職200人あまりに、3日間にわたってコーチングの研修を行いましたが、その研修の会場でのことです。

患者からの苦情が多いのだそうですが、その多くが医師に関わるもので、しかもコミュニ

ケーションに関わるものなのです。苦情の内容は「聞いてもらった気がしない」というものですが、医師の側に言わせると「ちゃんと聞きました」というのだそうです。

リチャード・ギア主演の映画『最後の初恋』の中で、ニューヨークの総合病院の優秀な医師である彼に、患者の家族がほとんど同じ言葉を投げかけたシーンがありました。

問題は、医師が聞いたか聞かなかったかではないのです。患者が聞いてもらったと感じたかどうかです。それが医師にはまったくわかっていないのです。恐らく本人は「内容はわかりました」と言うのでしょう。しかし、問題は患者がわかってもらえたと感じられることなのです。

問題は、主として彼らの「非言語」と「準言語」のコミュニケーション、つまり、「態度や表情」と「ものの言い方」にあります。だって「実際に言われたこと」に対して苦情は出ていなく、主として「……な気がした」「……な気がしなかった」なのです。

部下は〝上司が聞いてくれる〟と感じると、気持ちよく話すことができ、その結果たくさんの情報を届けます。その上に、大切に扱ってもらえたと思って、やる気にもつながります。反対に〝聞いてもらえない〟と感じると、次第に口が重くなって情報が入って来なくなります。

45

コミュニケーションで忘れてならないことは、「ボールは1つしかない」という基本ルール

コミュニケーションをキャッチボールにたとえることがあります。受講者に「キャッチボールのルールってなんですか？」と尋ねます。「とりやすいところに投げる」「とりやすい球を投げる」「相手の球を必ず受け止める」などなど、常識的な答えが返ってきます。

しかし、これだけでしょうか。大事なことを1つ忘れています。それは「基本的にボールは1つ」だということです。これを忘れてはいけません。最も大切なルールなのです。その他のことも、すべてはこの1つのルールで理解できます。

とりやすい球を、とりやすいところに投げるのは、相手が受け止めてくれるためです。受け止めてくれなければ投げ返してもらえません。投げ返してくれなければ投げることはできません。相手の投げた球を受け止めるのも、受け止めなければ自分が投げ返すことができないからです。

しかし、中には勝手にボールを取り出す輩がいます。ポケットから次々にボールを取り出し

て、自分の投げたいところに勝手に投げ続けます。相手の投げた球は受け止めずに、また別の球を取り出して投げます。相手がとれようがとれまいがお構いなしです。

これではキャッチボールにはなりませんね。こんなことをしていたのでは誰からも相手にされなくなります。『ドラえもん』に出てくるジャイアンです。無理やりに相手をさせようとしますが、みんな嫌がって離れて行く〝鼻つまみ者〟です。

上司の中にはこの手会いが結構いるようです。みなさん、身に覚えはありませんか。人の言うことを何でも否定してみせて悦に入っている勘違い男。人の話は無視して自分のことばかり話したがるジコチュウ男。訳のわからないことばかり言う訳知り顔の男、などなど。

46

どのような態度や表現や口調で伝えるかよりも、どのような気持ちで人に接するかが大切

営業マネジャーの研修を行ったときのことです。中間管理職の方々向けの研修でしたが、「適切な表現で伝える」ということの意味を理解していただくことに苦労しました。これまでにいくつもの研修で感じたことです。

居丈高な態度や荒っぽい口調で言うことに慣れてしまっていて、そのことが相手をどんな気持ちにさせているかということを考えることができない、あるいは考える必要すら感じていないということではないでしょうか。その結果、周囲を傷つけることになっているのです。

私は、このような態度をとる方に、「お客様に対してそのように仰いますか」と質問します。大抵の方が「いいえ、しません」と仰います。重ねて「それには何か訳がありますか」と尋ねますと、「お客様は大事だからです」と答えます。さらに重ねて「部下は大切ではないのですか」と尋ねると、「いや、そんなわけでは……」と口ごもります。

背景には〝相手をどのように見ているか〟ということがあります。この場合には「敬意」を

忘れてしまっています。先に書いた研修の場面では、それが〝目下の者に対して〟という表現にあらわれていました。「目下」という認識が敬意をなくさせていたようです。

もう1つ、笑い話にもならないようなことがありました。開業医の配偶者の方と話したときのことです。その方が職員のことを〝下々《しもじも》の者〟と表現したことに驚きました。今どきそんな言葉が残っていたのかと、その人の時代錯誤な感性と、職員の方々への認識に対する驚きでした。

部下にこのような意識でいるとすれば、敬意をもって接するということ自体が難しいかもしれません。おそらく日々の小さな言動のそこかしこに、そのような意識が表れているのではないでしょうか。それを感じとった人たちが相手にどんな感情を抱くかは想像に難くありません。

47

〝伝家の宝刀〟を抜かない、抜かせないこと。抜けば元の鞘に収まるのは難しい

みなさんにも覚えがあるのではないでしょうか。「あの人は何であんなこと言うんだろう」「なんであんな態度をとるんだろう」などの経験。あるいは反対に、「私は何であんなことを言ってしまったんだろう」「何であんな態度をとってしまったんだろう」という経験もあるでしょう。

テレビコマーシャルの中に、私の郷土の詩人、金子みすゞさんの詩を用いたものがあります。

〝馬鹿〟って言えば〝馬鹿〟って言う
〝遊ぼう〟って言えば〝遊ぼう〟って言う
〝もう遊ばない〟って言うと〝遊ばない〟って言う
（中略）
こだまでしょうか？　いいえだれでも

そうです、誰でも、なのです。部下は上司に面と向かって言い返すことはできません。しかし、間違いなく心の中ではつぶやいています。そのつぶやきは、外に出さない分だけ、心の中に澱《おり》のように積もって、次第に圧力が増していき、限界を超えたときに噴火するのです。

昭和30年代、電気店の前には黒山の人だかりが食い入るようにテレビの画面に見入っていました。お目当ては力道山、外人レスラーの反則に我慢に我慢を重ね、最後に伝家の宝刀空手チョップが火を噴く。その姿に皆揃って溜飲を下げたものです。その光景を思い出します。

コミュニケーションは理屈ではないと書きました。やり取りするのは言葉ではなく、感情だとも書きました。相手の言葉に対して言葉を返すのではなく、感情に対して感情を返すのです。〝売り言葉に買い言葉〟です。これを繰り返すと、次第にエスカレートして、収集がつかなくなります。

慇懃無礼《いんぎんぶれい》という言葉があるように、どんなに馬鹿丁寧に話したとしても無礼さは伝わっているのです。丁寧な口調でも、皮肉っぽい気持ちがあれば、どんなにうまく隠したつもりでも、それが言葉の端に出てしまい、相手はそれを敏感に感じ取ります。

腹立ちまぎれの感情を伝えれば、相手の中にも腹立ちの感情が生まれます。思いやる気持ちが伝われば、相手の中にも思いやる気持ちが生まれるのです。感情には大人も子供もありません、誰でも同じような感情を持つものです。

48

部下は上司にとってお客様、しかも長く続く関係。最も大切にすべき相手

上司が部下に対して指導する中では「伝える」ことも重要です。そして、伝えるときには〝適切な表現で〟を忘れてなりません。それでは〝適切な〟とは、一体どのような表現なのでしょうか。

もちろん、仕事上の関係ですから、遠慮や我慢をすることなく伝えることが必要です。同時に、相手に敬意をもった表現を心がけることは忘れてはなりません。上司と部下の関係は一時的なものではなく、長く続くことが前提ですから良好な関係は必須です。

そのためには、〝自分が伝えたいことが頭の中で整理できている〟こと、それを〝時宜を得た言葉で表すことができる〟ことが挙げられます。次には感情的になって、相手を〝攻撃したり、否定したり〟することなく、ニュートラルに主張を伝えることが大切です。

私の知り合いで、商社の営業課長がいます。ある夏の夕方、部門成績も今一つ伸びないため、課長自ら一日中動き回って、営業から戻ってきました。すると、部下は全員がすでに戻ってい

図 12-2　適切な表現で伝える

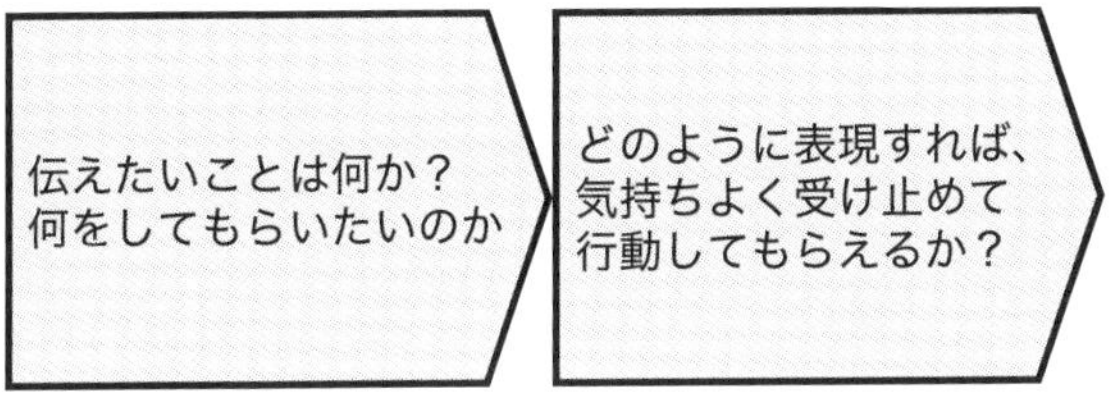

て、エアコンのきいた部屋で冷たいアイスコーヒーを飲みながら談笑していたのです。

それを見て、彼は腹立ちまぎれに「いいなあ、暇なやつらは」と言いました。その後のことは想像にお任せしますが、決して理想的な雰囲気になったとは言えません。それだけではありません。元の気の置けない関係に戻るには長い時間がかかったようです。

「もっとみんな責任感を感じて、必死の姿勢で仕事に取り組んでほしい」という彼の気持ちが伝わるどころか、関係を損ねただけでした。

考える順番は、①伝えたいことは何か、何をしてもらいたいのか、②それをどのように表現すれば、気持ちよく受け止めて、行動してもらえるか、です。忘れないでください。

49

部下の行動に客観的にフィードバックを与えることは、上司の重要な役割

私自身が叱るときに気をつけていることが4つあります。

1「できなかった」は叱らない、「やらなかった」は厳しく叱る

前職の上司が正にこれでした。新しいことを命じられて尻込みすると、烈火のごとく怒り、決して許すことはありませんでした。反対に、新しいことに挑戦して、失敗もありました。叱られることを覚悟して報告に行くと、「ご苦労さん、残念だったね」と言うばかりでした。この上司の一貫した姿勢から、何事にも挑戦する姿勢を学びました。

2「一貫性」

まずは人に対する一貫性です。「誰かには叱るけど、他の人には叱らない」などということはないでしょうか？ たとえば男性の部下は叱るけど、女性の部下は叱れないなどとよく耳にしますし、おとなしい部下は叱るけど、手ごわい部下は叱ることができないというケースもあ

るでしょう。
もっといけないのは、部下に対しては厳しくするけれども、自分自身には甘いことです。部下を叱ったことに関しては、自分自身も強く戒めなければなりません。

３「タイミング」

叱るときにも褒めるときと同様に、「その場で叱る」が基本です。そのときに何も言わなかったことは、部下としては「それでよかった」と思っているでしょう。それを後になって「あのときの……」という叱り方だと、「何であのとき言ってくれないんだ」と、これも不信感につながります。

４「結果」や「行動」に対してだけ「良かった」あるいは「良くなかった」という評価をする

決してその人について何かを言ってはいけないということです。たとえば「君は何度言ってもわからない」とか、「君は注意力がない」など、その人自身を裁くような表現を使わないことです。

叱ることは部下を育成する上でも、組織目標の達成を確実なものにする上でも重要なことです。「強化理論（学習理論）」でも言われるように、人は自分の行動に対して受けた評価から、「何が良い行動」であり、「何が良くない行動」であるかを学習し理解していくものです。

第6章

部下を指導する

【イントロダクション】

(1)指導の方法

以前、日経新聞に出ていた半五段広告が目に留まりました。キャッチコピーは、「マネジメント・スキルの90％はコーチング・スキルである」。「聞き流すだけで英語が上手くなる」という広告とよく似ています。そんなうまい話があるとは思えません。

自分が何かを専門的に行うと、「それがすべて、あるいは最良」と盲目的に思ってしまうことがありますよね。このコピーはまさにその典型です。前職では営業マネジャーとして永年仕事をしてきましたが、決してコーチング・スキルだけが重要とは思いません。むしろ一部にすぎません。

おそらく言いたかったのは、マネジメントの一部、マネジメント・コントロール（管理）のことなのでしょう。管理とは〝組織目標達成のために部下に正しく行動させること〟です。「何をするか」を決め、部下を「本気」にさせ、部下に「実行」させ、「必要な能力」をつけるように指導することです。

組織目標が達成できるか否かは、上司の「部下の成果は何か」を決める能力によります。なぜなら、部下はその成果をあげるために「何をするか」を決定するからです。これまでに多くの企業にかかわってきましたが、この能力を持った上司は極めて少ないのが現状です。

つまり、部下を指導して成果をあげるという役割のためには、上司はビジネススキルを向上させることが先決なのです。財務・マーケティング・営業・組織運営などの知識と、考え方の基本としてのフレームワークを持っていることです。

(2)コーチングによる指導

前に、〝チームでは一人ひとりのメンバーが強みとユニークさを発揮してチームの成果に貢献する〟と書きました。そのためには、画一的な指導でなく、「個」に焦点を当てた指導が必要です。

それには上司によるコーチングが効果的です。「質問に答えるには知識があればよい、質問をするには知性が必要だ」とドラッカーは言いました。質問を中心に指導するコーチングにおいて重要な言葉です。効果的なコーチングができるのは、「何を質問すればよいか」がわかっている上司だけです。

コーチング、とりわけ社内で上司が部下に対して仕事として行うコーチングには、2つの目的があります。1つは〝部下が仕事上の成果を出すこと（管理）〟、もう1つは〝部下が成長して、継続的に成果を出せるようになること（育成）〟です。

管理の手法として行うとは、〝部下の目標達成の確率を上げる〟ことです。もちろん100％の達成もなければ、100％の失敗もありません。先に書いたように、結果は常にその間のどこかに落ち着くもの。確率を上げるとは、結果を少しでも100％に近づけるということです。

期待する効果としては「求める成果が何か」、その成果をあげるために「何をすればいいのか」を自分で考えてわかることです。上司の問いかけによって、自分でその答えを見つけることで、押し付けられたものでなく、自分が納得できるものとして取り組むことができます。

そのためには、上司のビジネススキルが高いことです。コーチングは質問を多用して、部下に考えることを促すことで、考える習慣を身につけるよう支援します。しかし、考えることが的外れでは成果にはつながりません。上司が〝考えるべきは何か〟を知っていることが重要です。

また、部下の求めに応じて答えを与えることも必要なときがあります。時間の制約の中で答えを出さなくてはいけないとき、あるいは決して失敗が許されないときなどです。答えを出さなくてはならないときに、それができない上司ほど頼りにならないものはありません。

特に目標設定に関わるフレームワーク（視点・道筋）、営業なら売上に関わるフレームワーク、マーケティングや会計に関わるフレームワークなどは欠かせません。また、営業の進め方や自社の製品に関する知識は必要不可欠です。

育成の方法として行うとは、〝部下を成長させる〟ことです。ここで言う成長とは、〝主体的に考えて行動する習慣を身につける〟ことです。そして、成長するとは、できなかったことができるようになること、知らなかったことを知るようになることです。

(3)上司の果たす役割

そのためにロールモデルとしての上司のふるまいを模倣することで新しい方法を試して、自分に合うものを選んで吸収する。あるいは上司のアドバイスを受け、あるいは自分で新しい方法を試し、上司のフィードバックを受けて身につけて行きます。

期待する効果としては「再現性」、つまり同じことを一人で考えてできるようになること、同じプロセスで考えることができるようになることです。そして、経験を積んだことだけでなく、それを新しいことにも応用できるレベルになることです。

そのためには、上司のＥＱ（感情指数）のレベルが高いことが欠かせません。自分の感情をコントロールして、根気強く部下の成長を待つ姿勢が必要です。部下が期待の通りに成長できないときでも、固有の考え方や成長の速度を理解する心のゆとりが欠かせないものです。

また、「個別指導」と言いました。目的が成果であっても、あるいは成長であったとしても、忘れてならないことは、オロナインやタイガーバームのように「何にでも効く便利な薬はない」ことです。誰にでも合う、万能の指導方法などなく、それぞれに有効な方法が必要です。

部下が未熟なうちは、〝答えを教える〟ことも必要ですし、いくら〝答えは相手が持っている〟と言っても、知識なしで考えることは無理な話です。考えるためにも最低限必要な知識や情報は与えなければなりません。求める成果は、必要な情報や知識を〝正確に記憶すること〟です。

それでは〝どんな割合〟で答えを与え、考えさせればいいのか。そんな答えはありません。1カ月経ったから、半年経ったからというわけにはいかないのです。それが個別指導という所以です。部下がその時点での最高の成果を出せるようにブレンドするのが上司の仕事です。

目標達成の確率を上げるためには、プロアクティブ、「事前的」であることが必要です。終わったことを評価する事後的なやり方で確率を上げることはできません。したがって、コーチングの焦点は〝これから〟の〝行動〟、つまり、〝これから何を、どれだけ行うか〟に当てます。

管理の大事なことは〝これから何をするのか〟を決めて、それを確実に行うように指導することです。したがって、必然的にコーチングも〝これから何をするのか〟に焦点を当てて進めます。なぜなら、部下が自分でコントロールできるのは「これからの行動」だけだからです。

目標を立てますが、結果として達成できるかどうかには様々な要素が関わってきます。自分の意思だけで達成できるわけではありません。しかし、行動は意思で行えます。そして、必要な行動を取り続けることが目標の達成につながるからです。その行動を必ず計画にします。

あとは計画通りに行動しているか、行動しようとしているかを確認し続けることです。計画倒れにならないように定期的に確認して、必ず実行することで「目標達成の確率」は上がります。

50

時間は後ろに進めることはできない。後ろばかり気にしていては、前に進めない

管理の焦点は「なぜできなかったんだ？」「何が問題だったんだい？」と、終わったことに当てるのではなく、「これから何をするか」「どうやって取り戻そうか？」とこれからの行動に当てます。これは2つの意味で重要です。

1つは言うまでもありません。管理の目的は「目標達成の確率を上げること」でしたね。確率を上げるためには終わったことについてだけ話しても仕方ありません。常にこれからの行動を考えることで、達成の確率を上げることができるのです。

もう1つは、できなかったことや失敗したことばかりを考えていると、手が縮んで消極的になって、また同じ失敗を繰り返すことになるからです。成功をイメージすると成功の確率が上がり、失敗をイメージすると失敗する確率が上がるように感じます。

物事をコントロール可能性、つまりどれだけ自分で変えられるかで3種類に分けます。3つの同心円をイメージしてください。一番中の輪は自分で思い通りにできるもの、二番目の輪は

図13　すべての問題は影響できる

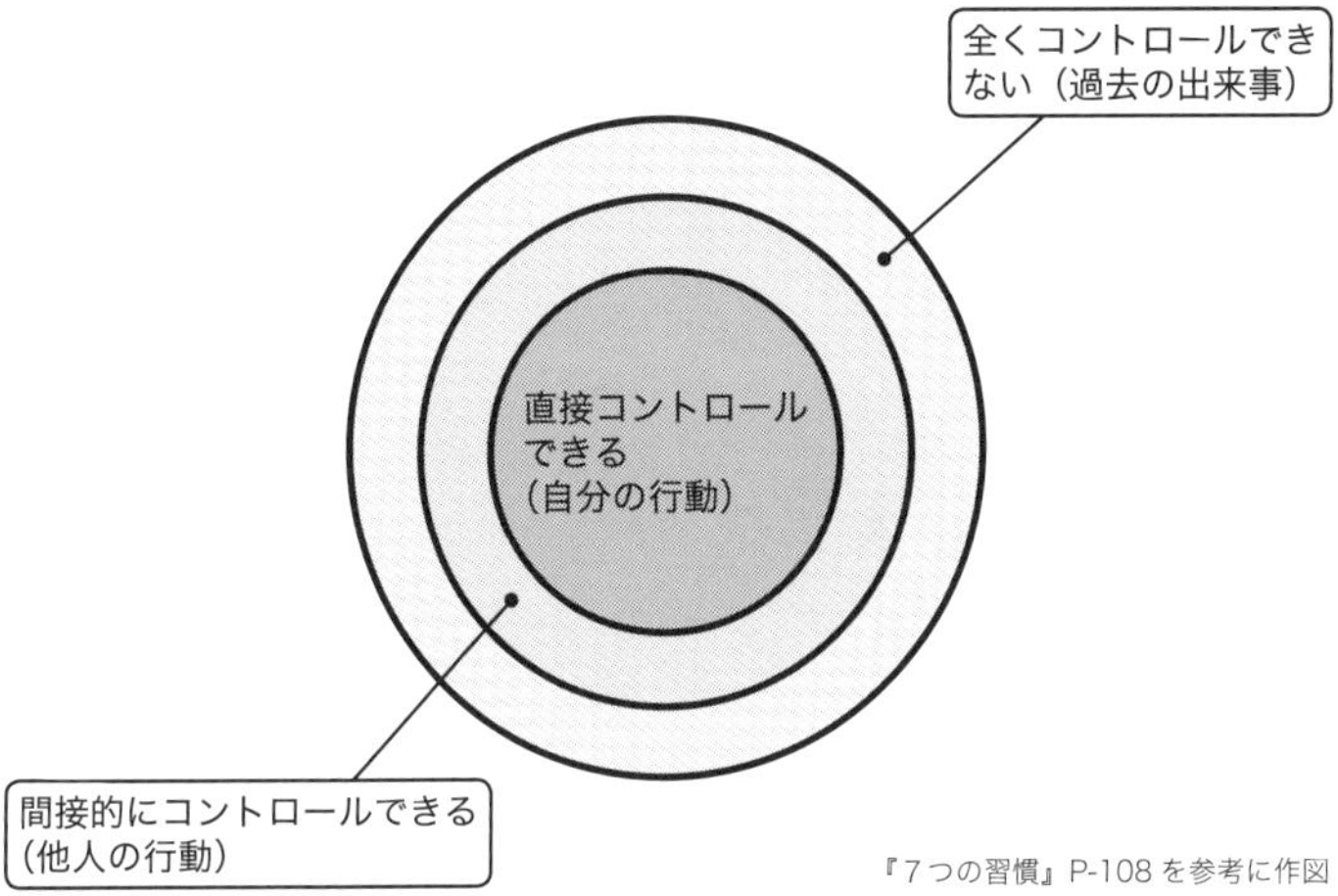

『7つの習慣』P-108を参考に作図

間接的に影響を与えることができるもの、一番外の輪は自分ではどうすることもできないものです。

このイメージで行くと、過去は一番外の輪、つまり考えてもどうにも変えることができないものです。考えるべきは一番中の輪、つまり、これからの自分の行動です。これを変えることで、二番目の輪にある「次の結果」に影響を与えることができるのです。

誰にとっても、時間は同じ速度で前に進みます。終わったことを考えているのは、前に向って走るクルマをバックミラーだけを見ながら運転するようなものです。後ろばかり気にしていると、危なくって仕方がありません。思い通りの目的地に到着するためには、しっかりと前を見て運転することです。

51

第一の能力は、人の言うことを聞く意欲、能力、姿勢。しなければならないことは、自分の口を閉ざすこと

タイトルの言葉は、ピーター・F・ドラッカーの『経営者の条件』（ダイヤモンド社）に書かれているものです。

私が研修を行う対象者は主に企業の管理職です。営業マネジャーのコーチング研修を行うときには、研修の最後に10分か15分の短い時間で、コーチする上司の役とコーチを受ける部下の役に分かれてコーチングを体験していただきます。

コーチ役の方には、「アドバイスする、要求する、アイディアを提供することは構いません。しかし、自分の考えを一方的に押し付けるのではなくて、一緒に目標を達成するという姿勢でコーチしてください。主役はコーチを受ける側です」と予めお願いします。

実際にコーチングを開始してしばらくすると、いつの間にか主客が転倒しているのです。特にコーチ役が年長で、部下役が年下の場合によく見受けられます。コーチ役がほとんど説教のように滔々と自説を述べ、部下役の人はただ聞かされる光景が必ずいくつか出現します。

やはり、上司は説教するのが好きで、習い性になっているのでしょうか。自分がそのことに関して知っていると思うと、もう黙っていられなくなるようです。私のお願いなどどこ吹く風、いつもの説教スタイルに戻ってしまい、時間一杯まで喋りつづけています。面白い光景です。

そして、部下役の人が、自分の考えと違うやり方を言うと、不機嫌そうに黙ってしまうか、あるいは納得できない顔をしてしまいます。わかっていません。コーチが納得する必要などないのです。コーチのための場ではないのですから。あくまでも部下が納得するための場なのです。

上司は部下に教えなくてはいけない、上司は部下よりもよく知っている、などという思い込みが強いと起こりがちです。また、自分が上手くいったからと言って、部下が同じ方法で上手くいくとは限りません。それに、押し付けられたことを本気で取り組む部下もいないでしょう。

一度ご自分の指導のありかたを見直してみませんか？

52

営業マネジャーの〝目標設定能力〟が、チームの売上目標達成の確率を左右する

目標を立てるとき、どんな点に注意するといいかを考えてみましょう。まずは、達成したかどうかを判断できることです。そのために必要なことは、目標を可能な限り数値化することです。

私が企業で評価者であったときのことです。目標達成度評価の時期になると決まって問題が起きました。その問題は、「達成しました」と部下は言い、「未達成だ」と上司が言うことです。理由は簡単、達成基準が曖昧だったのです。

売上などの数値目標の他に〝新規顧客を開拓する〟という目標を掲げたとします。その場合は〝新規顧客の契約を○○件獲得する〟、〝新規顧客からの売上を○○円獲得する〟など数値にします。そして、その目標の達成が、売上の目標達成につながるものであることが重要です。

〝お客様の満足度を上げる〟という目標を立てるとします。これも問題を起こします。数値がないために達成したかどうかを確認できないからです。目標にするには〝顧客満足度を何で

測るか〟を決めることです。これを私は「満足度を測る物差し」と呼んでいます。たとえば〝「顧客の離反率」を○○％下げる〟など、客観的に達成度を測れるようにすることです。

〝仕事の質を上げる〟という目標でも同じです。〝仕事の質の向上を何で測るか〟を決めることです。これを「仕事の質を測る物差し」と呼びます。たとえば〝納品のリードタイムを○○％短縮する〟〝成約率を○○％上げる〟などです。それらの達成が、顧客満足など上位の目標達成につながるものであると、上司と部下とで合意できていなくてはなりません。

繰り返すと、目標を設定するときにはできる限り数値化するなどの工夫をして、〝何をもって達成したというか〟を決めることです。しかし、必ずしも数値にできないものもあります。数値にこだわり過ぎると、目標設定できなくなることもあります。そんなときには、達成したイメージ（「上司のアシストなしで成約まで進められるようになる」など）を決めてください。

53

良い方法とは、よく見える眼鏡と同じ。「あなたにとって」が重要で、「私にとって」ではない

アドバイスと言うとゴルフを思い出します。とにかくアドバイス好きが多いのがゴルフではないでしょうか。他のスポーツでは訊かない限り、ほとんど教えてもらえることはありませんが、ゴルフは別です。何でも教えてくれます。頼まないことまでです。

仕事でも同じことが言えますが、教え好きの上司や先輩がいるものです。それはそれでありがたいのですが、それぞれに我流のやり方を押しつけるのには閉口します。彼らの言葉によると、「絶対これが一番だから」とか、「絶対これでうまく行くから」と押し付けるのです。

たとえて言うなら、あなたがメガネをかけていて、そのメガネをかけるとてもよく見えるとします。だからと言って「このメガネは最高だよ。本当によく見えるんだ。君もこれをかけるといいよ」と部下にかけさせるようなものです。見える訳はありません。押し付けるってこんな感じなんですよ。

無茶な話です。自分がそのやり方でうまく行ったからと言って、他の誰もがうまく行くなん

て考える方がどうかしています。人にはそれぞれに得手や不得手があるし、能力や特性も違います。力の強い人や身軽な人がいるのと同じです。

仕事でも同じ。自分の教える通りのやり方をしないと気に食わない上司がいませんか。自分のやり方が最高で、それ以外の方法は劣っているとでも言いたげです。他の上司の言った方法などを試そうとすると、「ふん、勝手にしろ、上手く行かなくても俺は知らないよ」と冷ややかな目で見ます。

彼らは自分の仕事が何かをわかっていません。きっと大航海時代に活躍したイエズス会の宣教師のように自分の教義を広めることだとでも思っているのではないでしょうか。上司の仕事は〝部下が仕事の成果をあげること〟、自分のやり方を押し付けるのでなく、その人にとって最も効果的な方法を考えることです。

54

必要条件を満たさない決定は間違いである

かつてカリフォルニアのバークレーで仕事をしていたときに、大学の入試課の高校生向けガイダンスに出席しました。進学先の選び方に関しての話でしたが、とても興味深く聞きました。受験校は3校、自分が進みたい分野で選ぶ、つまり将来の職業に直結する選択をするのです。まず合格したら夢のような学校を選ぶ。カリフォルニア大学バークレー校自体がそんな学校です。キャンパスの裏手の丘に建つ有名なローレンス研究所は、そこからのサンフランシスコ湾を見下ろす眺めもよく、映画のロケにも時々使われます。

次に調子が良ければ何とかなる学校を決める。サンフランシスコ周辺にも、サクラメントや州立サンフランシスコ大学（映画『イチゴ白書』のロケ地として有名）などがあります。

最後に滑り止め、間違いなく合格できる学校を決めるのです。この滑り止めの決定基準が強く印象に残っているのでお伝えしたいのです。

当たり前でありながら、とても合理的で納得できる必要条件です。2つあります。1つは

〝絶対に合格できる学校であること〟、〝もう1つは合格したら必ず行く学校であること〟、その基準を満たさない学校を選んではならないというのです。

仕事でもそうです。「○○の方法でやります」と宣言しておいて、しばらくのちに「進んでるかい？」と訊くと、「考えたんですけど、やっぱり別の方法にします」と言います。

失敗の理由は2つあります。①選択肢を考えずに、最初に思いついた方法に飛びついてしまったか、②複数の選択肢を用意したのに、選択の基準をよく考えないで選んでしまった。これでは何重にも時間を無駄にしてしまいます。

実行案を決定するときには、次のような手順で考えてみてください。①複数の候補を用意する、②選ぶ基準をはっきりと決める、③その基準に沿って候補の中から選ぶ、④その候補が上手く行かないときの、次善の策を選ぶ。

55

質問は一度に一つ、ワンセンテンスですること

いろいろな場所で部下指導の研修を行いますが、受講者は「質問することが一番難しい」と口々に仰います。特に「考えさせる質問」が難しいようです。「自分が尋ねたいこと」を質問するのは簡単ですが、相手に考えさせる質問は、質問する側がまず十分に考える必要があります。

ずっと以前に宮崎県の東国原英夫知事（当時）のことがニュースで取り上げられました。彼が就任直後の議会で、野党議員の数十分に及ぶ質問に答える前に、「ところで最初の質問はなんでしたか？」と尋ねたということです。それ以来、宮崎県議会では「一問一答方式」に変えたそうです。

「質問は一度に一つだけ」です。いくつもの質問を記憶して、すべてに正確に答えることなど神業に近いでしょう。いくつかの質問を同時に受けると、最初の問いに対する回答を考えている間に、2つ目以降の質問が何だったかなど忘れてしまって、「次はなんでしたっけ」と聞き

直すことになります。

コミュニケーションではボールは1つでしたね。1つ質問すると、ボールを投げたと同じです。相手が投げ返してくれたら、次のボールを投げることができます。一度にいくつも質問するのは、相手が投げ返してもいないのに、次々と新しいボールを投げるのと同じです。あなただってとれないでしょう。

10年も前のことですが、カルロス・ゴーン氏の講演をお聞きしました。講演後に質問の時間がありましたが、質問だと言いながらと長々と自説を開陳する方がいました。ゴーン氏は目を白黒させ、「私は何に答えればいいんだ？」と憤慨。何も尋ねていないのですから当然のことです。

質問をする目的は相手に関する事実や考えを知るため、あるいは相手に必要なことについて考えてもらうためです。自分の考えを話したのでは目的を果たすことはできません。

最後に1つ、短い質問をすることを心がけてみてください。長い質問をすると、答えは短いものです。短い質問をすると、答えが長くなります。それだけ多くの情報を得られるのです。

56

営業マネジャーの質問する能力が、部下の成果、目標達成の確率を変える

ＧＩＧＯとは、コンピュータ用語で〝ゴミを入れれば、ゴミが出てくる〟。つまり、〝つまらない質問をすれば、つまらない答えが返ってくる〟という意味です。年末年始やゴールデンウィーク、あるいは夏休みの帰省時期になると、テレビ局のリポーターが空港や新幹線の駅で帰省客、特に子供たちにマイクを向けてつまらない質問をする姿です。

たとえば、仕事上で部下に質問したときに、部下の答えに対して「そんなことを聞いてないよ」、あるいは「ちゃんと聞かれたことに答えてくれよ」と感じたことはありませんか？　もし、そんなことがあったなら、それは多くの場合、部下の問題というより質問をした上司の問題です。

聞くことはたくさんあります。たとえば「事実」を聞きます。仕事の成果が思ったように出ていない場合を想定してください。その状況の中で部下が報告に来ました。よくある質問としては「どうしたんだ？」などと聞くと、部下は何と答えるでしょう。きっと言い訳を考えます。

この質問では事実を聞くことは難しいですね。もちろん事実も入るでしょうが、部下の思い込みや周囲の人の言ったことや、場合によっては部下の作り話を聞くことになりかねません。もし、事実を確認したいのであれば、「何が起きたのか」「君は何をしたのか」「お客様は何と言ったのか」と相手が事実だけを答えるような聞き方をする必要があります。

拙い質問の例として、「どうですか？」「どうだった？」があります。たとえば、「福岡はどうですか？」なんて訊くことがありませんか。この質問では何を聞かれているのかわからないでしょう。すると何を答えればいいのかもわからないのです。それで質問した人の意図と違う答えが返って来るのです。

「意見や考え」を聞くのであれば、当然質問は変わります。「何が起きていると思う？」「何が問題だったと思う？」「お客様の言葉の意味は何だと思う？」「成果が出ない原因は何が考えられますか？」「君の考えを聞かせてくれないか」などと質問することができます。

訊き方一つで質問への答えは変わります。自分が何について聞きたいのか、つまり事実を知りたいのか、あるいは相手の意見や考え、感情や見解を聞きたいのかによって、訊き方を工夫してみてください。きっと部下の答えに不満を感じることは少なくなると思います。

57

部下は〝答え〟を考える、上司は〝質問〟を考える

「もし明日で世界が終るとしたら、最後に会いたい人を10人思い浮かべてください」「もしその中から1人だけと言われたら、誰を選びますか」「もし明日で命が尽きるとして、1つだけ食べることができるとしたら、何を食べたいですか」

単純な問いですが、それでも迷って考えます。

「もし今の仕事がなくなったとしたら、すぐに稼げて、今の生活を維持できる仕事を3つ考えてみてください」「そのために準備しておくことを、思いつくだけ挙げてください」

こんな質問をすると、ウーンと考え込んでしまう人がいます。

「あなたの現在の健康状態をパーセンテージで表すとすれば、何%つけることができますか」「それを100%に近づけるには、何が変わればいいですか。3つ挙げてください」「そのためには、どのような行動をとればいいでしょうか」

考えてみてください。

私が、誰かに考えてもらいたいときに、２つの方法をよく使います。①「もし～なら……」と仮定形を使う、②「10人」「１つ（人）だけ」「３つ」などと数字を使う、です。どちらも考えてもらうにはとても良い質問の仕方だと思っています。

「数字」を使って質問するのも効果的です。「10個」などと言われると、いつもの馴染みの答えだけでは足りなくなります。そこで否が応でも考えることになるのです。大きな数字を使ってたくさん考えてもらうのも、「１つだけ」に絞ることも、どちらも効果的です。

これは私の得意技で、例に過ぎません。みなさんも自分の得意の質問を作ってください。部下に考えることを促す「必殺技」です。必殺技ですから、いつも磨いておかなければなりません。本当に必要なときに切れ味が鈍っては役に立ちませんよ。

58

部下指導の神髄は〝信じて、認めて、任せる〟こと。部下はそれに応えようとして成長する

第89回全国高校野球選手権での佐賀北高校の試合を見て頭に浮かんだのが、本間正人さんの言葉です。〝信じて認めて任せる〟こと、と彼は言います。このチームの至る所にそれが感じられたのです。監督から選手への、選手同士の、選手から監督への〝信・認・任〟を感じました。

それを強く感じた場面が2つありました。1つは準々決勝での帝京高校との試合です。9回の裏、満塁のチャンスに4番がスクイズに失敗しましたが、百崎敏克監督が表情一つ変えずにいたことが印象的でした。

対する帝京も同様の場面がありましたが、監督が血相を変えて怒鳴る姿と好対照でした。この違いは大きいですね。選手が指示に従って真剣に役目を果たそうとしたことを信じ、その結果を受け入れていたのです。

もう1つは決勝戦の8回裏、満塁ホームランの前の打席です。押し出しの四球を選んだので

すが、際どい一球を躊躇いもなく見逃しました。「打たなければ、三振すれば、監督や仲間から責められる」と思ったら、悪球を振ってチャンスをつぶしたかもしれません。

ここにも互いの〝信・認・任〟がありました。体格や個人の技量に勝るチームは他にあったと思いますが、監督のマネジメント・スタイルが選手の能力を余すところなく引き出した結果だったのではないでしょうか。

ビジネスの世界でも同じことが言えます。「人材が大切だ」という言葉を最近とみに耳にしますが、それは決して〝有能な人を集めること〟をさすのではありません。一人ひとりの能力を最大限に発揮してもらうことです。

管理のあり方には、〝成果管理〟と〝行動管理〟があります。仕事に慣れた人には成果管理が適しています。期待する成果だけを伝え、あとは「任せたぞ」の一言。このとき大事なことは、達成のための行動には口を出さないこと。この姿勢が信頼を伝えます。

かつて日経新聞のコラムに、豊田泰光さんが書いていました。西鉄時代に三原監督のサインで、一番成長したのが左胸に手を当てるサイン、その意味は「任せたぞ」だそうです。

上司が信じて任せる。それに応えようとして、部下は力を出し切るのです。

59

すべては因果関係。行動しないで結果を得られるなどと期待してはいけない

別の項で書いたように、計画には「アウトプット（成果）の計画」と「インプット（行動）の計画」があります。アウトプットの計画とは、「いつまで」に、「何」を、「どれだけ」達成するか、つまり成果を表すものです。まずアウトプットから考えなければなりません。インプットの計画とは、そのために「いつまで」に、「何」を、「どれだけ」行うかを表します。インプットから考えてはいけません。「こんなに頑張ったのに……」はその結果です。インプットはアウトプットを出すための必要十分条件を満たさなければなりません。

計画が必要なわけは何か。大きく分けて2つあります。①その後に続く行動のためです。毎日何をどれだけすればいいかがわかります。②フィードバックのためです。目標に近づいているかどうかを知るために必要です。

目標を達成できない人にはいくつかのタイプがあります。

●タイプ1

インプットの必要量がわかっていない。つまり「その結果を出すために、何をどれだけやるつもりか、それは十分なものか」の問いに答えることができないのです。インプットの計画が立てられない人です。

●タイプ2

やるべきことはわかっているが、いろいろな理由を探して、やるべきことをやろうとしない。私の部下にもいました。営業パーソンの言い訳で一番多いのは「業務が忙しくて計画通りにできません」、その次は「相手があることですから、思い通りにはなりません」。

上司の仕事は、部下が成果をあげるように部下の活動を管理することです。管理するとは、部下がやるべきことを確実にさせることです。言い訳を聞いていては上司は務まりません。必要なときにはハードパワーを行使してでも、目いっぱい動かすことが必要です。

行動は嘘をつきません。正直に結果にあらわれます。行動しないで結果を得られると考えることは、間違っていると教えなければなりません。すべては因果関係です。行動（インプット）が因で、成果（アウトプット）が果、行動が一定の比率で結果に変わるのです。

60

計画を確実に実行させることができれば、目標は高い確率で達成できる。

営業パーソンの行動計画を含めて、何かの計画を立てたら一仕事終わったような気になります。安心して一休みしているうちに、時間ばかりが過ぎてしまいます。計画を立てたからと言って、それが自動的に実行されて、実現されていくことはありません。

計画は、何かの成果をあげるために、「誰が」「いつ」「どこで」「何を」「どれだけ」「どのように」やるかを決めたものです。それが実現されて成果をあげるには、やるべき人が、やるべきことを、やると決めた、ように実行することです。

今日は昨日の結果です。そして、明日は今日の結果です。昨日何を行ったか、行わなかったかで今日が決まり、今日何を行ったか、行わなかったかで明日が決まるのです。「因果応報」といいます。やったことには相応の報いがあるという意味です。

しかし、現実には、実行するのは計画するよりはるかに難しいものです。ドラッカーの言う「なすべきことを成し遂げる能力」を持った人は本当に少ないものです。誰に言われなくてもできる人なんて、実行力偏差値70以上、つまり100人に1人か2人です。

雨の中を、契約のあてもなく歩き回る気分は、経験した者でなければわかりません。真夏の陽の下を、ダークスーツにネクタイを締めて、汗を拭きながら歩くのもです。不調が続き、訪問するのが怖くなることもあります。そんなときは自信をなくして辞めたくもなるでしょう。

だからこそ上司の存在が必要なのです。必要なことを必要なタイミングで必ず実行させてくれる人、営業パーソンにとってこんなありがたい人はありません。計画の証人になり、常に行動に目を光らせ、フィードバックをし、求められればアドバイスもします。

私自身、かつて一人だけの、上司のいない営業所で仕事をした経験があります。計画を立てても誰も見てくれない、行動が正しいのか間違っているのかも教えてもらえない、さぼっても誰も叱ってくれない。こんなときに上司がいればと、何度も思ったものです。

61

上司の一つひとつの言葉や行動が、部下の気持ちややる気を変え、行動を変える

上司の「一緒にやろう」という姿勢が部下の目標達成を助けます。味方がいることは心強いですね。それに「期待に応えたい」という気持ちが働いて、それがモチベーションの継続につながります。あの高倉健さんの著書にも『あなたに褒められたくて』（集英社文庫）というのがあるくらいです。

イチロー選手の言葉「人間には二通りしかいない、途中でやめた人と最後までやった人だ」というものがありますが、部下に「最後までやった人」になってもらうことは上司の仕事でもあります。「自己動機づけ」という言葉がありますが、自分で自分を励まし続けることは難しいものです。

大事なことは〝進捗をモニターすること〟です。〝進んでいるか〟と〝やっているか〟の2つを確認します。はじめに確認する頻度を決めましょう。決めたら必ず続けてください。上司が忘れると、部下には「君のやってることなんて、僕にはどうでも良いよ」というメッセージ

です。

方法は2つです。SFAを含めた報告と口頭です。どちらか一方だけでは十分ではありません。報告で行動と成果を確認し、フィードバックとアドバイスを口頭で伝える。営業プロセスを進めているか、進めるには何が必要か、訪問予定は間違いがないか、定期的に行います。

私は現役のときには、毎週1回と決めていました。緊急や突発的なことについてはその限りではありません。報告を見て、同行での支援が必要と感じたら、こちらからメールや電話で、「○月×日に△さんとアポイントを取ってください」と指示を出します。

上司に「どうでもいいよ」と言われたことに一所懸命になる人は余程のお人好しです。大概の人はやる気をなくすものです。一度やる気をなくすと取り戻すのは並大抵のことではありません。登り坂でスピードを落とした自転車が、元のスピードを取り戻すのは難しいのと同じです。

そして、予定通りなら「いいぞ、予定通りだな」と承認し、予定より遅れが出ているようなら「遅れているよ」とフィードバックする。見ていて無理がないようなら、「いつまでに取り戻せる？」と尋ねることも大切です。

62

大事なときには口を出さない。アドバイスは絶妙のタイミングで、必要なことだけ手短に行う

『徒然草』の第百九段「高名の木登り」には大切な教えがあります。弟子が木に登るときに、名人が木の下で見ていました。弟子が木の高い所にいるときには何も言わず、地面近くまで降りたときになって、「過ちすな、心して降りよ」（気をつけなさい）と声をかけるくだりが有名です。

部下を指導するときに、どのようにアドバイスするのがいいかと考えたことはありませんか。真剣に仕事に取り組んでいる姿を見ると、つい声をかけたくもなりますよね。しかし、アドバイスもタイミングを誤ると、「いらないお世話」にも失敗のもとにもなりかねません。

部下は上司に言われたことに気を取られて、自分のリズムを崩してしまうこともあります。階段で足を踏む外すことがありますが、たいていの人はあと数段のところで踏み外すことが多いようです。高い階段の上から滑り落ちるのはあまり見たことがありません。

仕事も同じです。難しい局面で集中しているときには、不注意による失敗はないものです。

逆に難しいところを切り抜けて、ほっとしたときにつまらないミスをしてしまうことがよくあります。そんな頃合いを見計らってタイミングよくアドバイスできるといいですね。

　そのためには部下をよく観察していなければなりません。仕事の進み具合、集中の度合い、部下の力量と習熟の度合い、そして自信と慣れの微妙な加減などです。一挙手一投足に目を配り、しかし、無用のところでは声を掛けたい衝動を抑える。アドバイスすることも簡単ではありません。

　アドバイスはどんなときにするか。もう1つは「相手が望むときに」「相手が望むことに関して」アドバイスするという考え方もあります。何か1つ聞くと「あれもこれも」とばかりに押し付けられると、部下としては二度とその上司に助言を求めたくなくなります。

　そして、決して自分の考えを押し付けないことです。困っている部下に有用なアドバイスをすることと、それを部下に押し付けることとはまったく別ものだと心得ましょう。良い上司は良いアドバイザーでもあります。

63

「計画」「実行」「フィードバック」は3点セット。別々には売ることができない

「フィードバック」の意味を辞書で調べてみました。「結果を原因側に戻すことで原因側を調節すること」。別の辞書では「一定の行動を行った後、その結果の反応をみて行動の効果を測定すること」。わかったような、わからなかったような……。

つまり、何かをやってみて、その結果がうまくいっているかどうかを確認して、やったことが正しかったか、あるいは十分だったかを見る。結果がうまくいっていれば、行動は正しかったことになるし、うまくいっていなければ、行動は間違っていたか不十分なのです。

そのときに、考えなくてはならないことは3つあります。①どうなっていれば「うまくいっている」とするか、②どのタイミングでフィードバックを行うか、③うまくいっていなければ、次に何をするか、です。

1 どうなっていれば「うまくいっている」とするか

それは「計画通りに進んでいるか」と同じ意味です。それ以外にはありません。1ヵ月に20件受注するという計画なら、1週間に5件、2週間で10件の契約が取れていることです。

2 どのタイミングでフィードバックを行うか

終わってからでは「あとの祭り」です。目標管理で、よく半年終わって行いますが、遅いと思います。1カ月ごとに、あるいは四半期ごとに行います。仕事の種類によりますが、1週間か1カ月が妥当です。

3 うまくいっていなければ、次に何をするか

ここが一番重要です。ドラッカーは言います。「同じことをして違う結果を求めるのは狂気である。違う結果を求めるなら違うことをしなければならない」と。「頻度や量」を変えるか、「行動」を変えるのです。

たとえば、5件に1件の確率で獲得できるつもりでいたのが、実は6件に1件だったとします。すると、1カ月の訪問件数は20軒の予定を24軒に変更しなくてはなりません。それでもだめなら、ターゲティングをやり直す必要があります。遅れると致命的です。

第7章

営業マネジャーのコーチング

【イントロダクション】

これまでにも繰り返し書いてきたように、一人ひとりのメンバーが主体的に考え、行動して成果をあげる、そんな営業チームを作るには、コーチングが適していると言えます。〝人は経験したことだけをできるようになる〟のです。自ら考えることを部下に望むのであれば、考える機会を与える。自ら行動するを求めるならば、自由に挑戦できる環境を整えることです。それには、指示・命令型の指導より、コーチングが効果的であることは論を待ちません。

本章では特に営業マネジャーが、チームと部下の目標達成のためにコーチングする場面を取り上げます。これまでに読んだことを思い出してください。進め方はマネジメントと同じです。①目標を立てる、②現状を確認する、③達成の方法を決める、④計画を立てる、です。

それを馴染みやすい形に表したものがGROW（育つ）モデルです。コーチングを始めたところに、最初に学びました。マネジメントのプロセスを「育つ」と置き換えたところにコーチングらしさを感じます。この流れを身につけていただくことが、上達の早道です。

図14 GROWモデル

プロセス	何をするのか？	意識する点
G-目標	目標を明確にする 細分化・明確化する	〈最終的なアウトプット（成果）〉 「何を」「いつまでに」「どのレベルで」達成するのか？
R-現状・資源	現状と目標とのギャップを確認する 使えるものを確認する	実績、現在できていることは？ 何が使えるか、どのように手に入れるか？
O-手段	ギャップを埋める方法を考える 最適な方法を選択する	できるだけたくさん考える 明確な基準に沿って選択する
W-計画	達成のための行動計画を立てる 通過目標を設定する	〈アウトプット（成果）・インプット（行動）〉 「何を」「どんな頻度で」「どれだけ」

G（Goal）目標を立てる

〝目標とは、行動を意味あるものにするために、予め定めた達成すべき成果〟です。そして、達成しようとする目標がはっきりしていることで、どんな行動が正しくて、どんな行動が間違っているかを判断することができます。

そして、目標が明確であることで、その人が成功しているか、あるいは失敗しているかがわかります。決めた時期までに、決めたことを、求めるレベルで達したことを〝成功した〟と言います。また途中で達成が見込めるようであれば〝成功している〟と言います。

営業上の目標には、売上や利益などの財務的（お金に関わる）なもののほかに、仕事の成果で表すものがあります。その成果を達成することで、結果として財務的な目標を達成できるという因果関係があるものです。

これには、主として3つ挙げられます。①お客様の満足度を測るものさし、②仕事の質を測るものさし、③成長度を測るものさし、です。成長すれば、仕事の質が上がる、それが顧客満足につながる、それが結果として利益につながるのです。詳しくは別の項で書きます。

目標には3つの必要条件があります。①明確で具体的なこと、②成功か失敗かがわかること。つまり、達成したかどうかが誰にでもわかる基準があることです。③期限があること。「いつか達成します」では目標とは言えません。〝Someday never comes〟(いつかという日は来ない)です。

R(Reality / Resource) 現状と資源を確認する

目標を立てたなら、次には現状を確認します。現状には2つあります。①目標としていることが、今はどの程度できているか、現在取り組んでいることには何があるか。これまでに取り組んできたこと、やってみようと思ってやらなかったこともです。もう1つは、②〝資源(使えるもの、ヒト・モノ・カネ、時間、経験)には何があるか〟、です。時間やお金はどの程度につぎ込むことができるのか、どこから手に入れることができるのか。手伝ってくれる人はどれくらいいるか、使える道具、設備、備品、製造ライン、はあるのか。

他にも、これまでに上手くできたという話を聞いたことはないか、そのことが上手くできる人を知っているか、そのことに詳しい人はいるか、教えてくれる人はいるか、誰に相談するのが良いか、本で読んだことはないか、などなど記憶を呼び起こすことも必要です。

使えるもの、特に時間や予算を考えるときに、忘れてならないのがトレード・オフ（二律背反）、先に何かに使えば、他のことには使えません。「時間がない」は、他のことに先に時間を使っているという意味です。誰にも時間は1日24時間と決まっています。要は使い途の問題です。

したがって大切なことは、必要な時間を、あるいは必要な予算を手に入れるために、何を止めることができるかです。たとえば、私はMBAでの最後の1年間は、学習時間を確保するために、一時的にヨットを止めました。今もこの本を書くために、映画や読書を止めています。

O（Options）達成の手段・方法を決める

ここで大切なことは、たくさんの選択肢を用意して、その中から、何らかの基準を決めて選ぶことです。ドラッカーの言う〝二者択一の罠〟にはまってはいけません。唯一つの方法を、「やるか、やらないか」、2つの中の「どちらを選ぶか」がこれに当たります。

たった1つだけ思いついたことに、「これしかない」と飛びつくのを「短絡的」と言います。

これではまるで博打です。目標を達成する確率は高くはありません。達成の確率を上げるためには、固定観念や過去の経験にとらわれないで、様々な方法を考えることです。

「同じことをして違う結果を求めることは狂気である。違う結果を求めるなら、新しいことをしなければならない」とドラッカーは言います。私は、「同じ道を通れば同じ場所に行きつく。違う場所に行きたいなら、違う道を通ってみればいい」と言っています。

また、こんな人もいます。「〜してみませんか」と言うと、「それはダメです」。「それじゃあ〜はどうですか」と言うと、「それも〜だからダメです」。何もかも否定すると、できることなんかなくなってしまいます。選ぶのはアイディアを出し尽してからでも遅くはありません。

次に考えることは、どんな基準で選ぶべきかです。ここでも、唯一つの基準で選ぶより、最低でも2つ以上の基準で選ぶことです。たとえば、英語を学ぶ方法なら、基準は、あまりお金をかけずにできること、アカデミックな言葉が学べること、時間と場所を選べること、などがあります。

そうすると、どれが残るでしょうか。「あまりお金をかけない」というのは、感覚が人によって異なるので、いくらまでならかけられるかを決める必要があります。このような条件だと、たとえば、〝留学生とシェアハウスする〟〝外国人とスカイプする〟などが有力でしょう。

W（Will）アウトプット（成果）とインプット（行動）の計画を立てる

〝目標達成のための計画を立てる〟ことはコーチングの必須要件です。達成のために〝管理〟するには計画を立てることが必要です。計画には2種類があります。「達成度（成果）の計画」と「行動の計画」です。計画を立てるときに注意すべきことをまとめてみます。

1　計画は、必ず始める前に立てていなければなりません、計画を立てて初めて仕事に取り掛かることができると言う方が正しいでしょう。しかし実際には、行動を始めてから計画を立てるという、何とも矛盾したことを行っている会社が何と多いことかと目を疑います。

上司の仕事は、部下の仕事の進捗を管理することです。管理するということは、簡単に言えば、「決めたことを、決めた通りに実行させる」ことだと言えます。つまり、上司の仕事は、計画があって初めてできるものなのです。

2　達成の計画を立てるだけで、行動の計画を立てないことがあります。たとえば、売上計画、契約数の計画、受注計画、新規顧客獲得の計画などは立てます。しかし、それを達成するには「何を」「どれだけ」すればいいのかを決めなければなりません。

繰り返します。計画と立てるとは、「何を」「どの程度に」達成する（成果）ために、「何を」「どれだけ」行うか（行動）を決めることです。なぜなら、成果は行動の結果に過ぎず、行動が質・量ともに正しいときに達成できるものだからです。

たとえて言えば、ゴルフのパットです。ボールがカップに入るには2つの条件を満たさなければなりません。1つはラインが合っていること、もう1つは距離が十分であることです。このどちらが欠けていても入ることはありません、仕事だって同じことです。

3　達成と行動のマイルストン（一里塚）

目標達成の確率を上げるためには、年間の達成計画と行動計画を、月間の計画、週間の計画に直す必要があります。毎日「何をどれだけやるのか」を決めて、それを毎週、毎月と実行するのです。「最後に帳尻を合わせればいい」と格好をつけると、あとで言い訳が必要になります。

もし、年間に48件受注するという目標を立てたとします。1カ月に4件受注することが必要で、1週間には1件です。もし、10件の商談で1件を受注できると仮定するなら、年間に480件の商談が必要です。1カ月には40件、1週間に10件、1日に2件です。これが必要行動量です。

何のためか。もちろん達成の確率を上げることが目的ですが、もう1つあります。予定通りに達成できそうかどうかを途中で診断するためです。予定通りの「質と量」で行動して、予定通りの成果が出ているか、毎週うまくいっていれば、恐らく最後にも笑えることでしょう。

このように達成度と行動を比較することを、ドラッカーは「アウトプット（達成度・成果）をインプット（行動）にフィードバックする」と表現しています。つまり、「達成度」が「行動」に語りかけているのです。「うまくいっているよ、そのまま続けてくれよ」、あるいは「うまくいかないいな、不足しているか、あるいは間違っているようだよ。別のことを試してみないか」と。

大事なことは3つ。結果だけでなく、①必ずマイルストン（期間ごとの達成基準）を決めること、②達成のための行動（頻度と量）を決めること、③進捗をモニターする（定期的に達成度と行動量を比較する）ことです。

目標-1　売上の方程式を使う

「目標は自分で立てるもの」と言うと、必ず「そんなことを仰いますけど、数字は上から降りてきます。自分ではどうにもできません」と言います。考え方を変えてください。数値目標を達成するために、どんな営業上の目標を設定できるか考えることです。

目標は、達成するための具体的な行動をイメージできることが必要です。最初にこれを指導する場面です。数値は何を使うかを考えましたが、どんな会社でも使えるものとしては、やはり売上高がわかりやすいでしょう。「売上をあげる」ために達成すべきものです。

営業マネジャーの頭の中には、最も基本的な売上の方程式が思い浮かぶことでしょう。

「売上高＝顧客数×客単価（1人、あるいは1社で年間にいくら使ってくださるか）」でしたね。

まずは、「売上目標を達成するためには、そのどちらを伸ばすことが課題ですか?」「そう考える根拠は何ですか?」。会社の方針と合っているか、自分の売上構成はどうなっているかを考えて決める必要があります。

顧客数を増やすことが課題だとすると、次に上司の頭に浮かぶのは、〝新規顧客を増やす〟〝既存客をなくさない〟〝稼働率を上げる〟ことです。そこで質問します。

「今はその中のどれが必要であり、同時に効果的だと考えられますか。それはなぜですか」

新規顧客を増やすなら、

「何軒増やせばいいのか、根拠を聞かせてください。可能ですか」

既存顧客をなくさないなら、

「現在の離反率は何%ですか、それは高いのですか」「それが必要と考える理由は何ですか」

図15 売上の方程式（1）

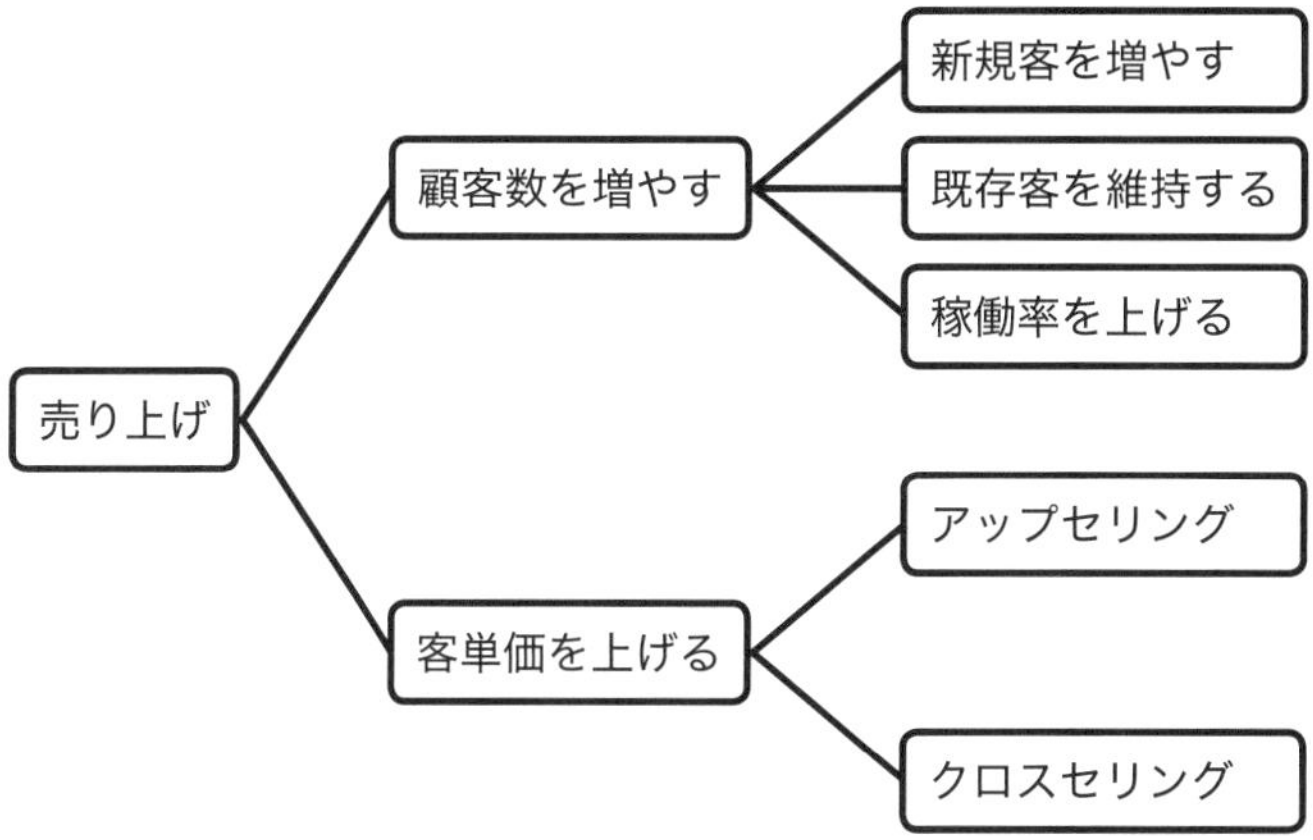

「どの程度に下げれば十分ですか」

「新しくお客様になっていただいた場合に、繰り返し購入いただく割合は何％か」「それは高いのか、低いのか」「もし低いとすればどんな原因が考えられるか」「何を改善する必要があると思うか」。こんな点も考える必要があります。部下に質問してください。

「休眠しているお客様は何％あるか。その中にポテンシャルの大きいお客様は含まれていないか」。もしあるなら、「その理由は何か。取引を再開することは可能か」「もし再開すれば、売上高はどの程度まで期待できるのか」など考えさせるべき点はたくさんあります。

簡単なことのようですが、これはとても重要なことです。部下に問いかけてください。もし答えられないようであれば、目標達成は覚束ないでしょう。答えるまでの間や表情や声のトーンでも、どの程度考えているかがわかります。

不十分だと感じたときは、「データをよく見て考えたら、もう一度聞かせてください」「答えられなかった点について、明日までに調べてください」と、必ずはっきりさせることです。何をどれだけ行うかは、そこから始まるからです。

そこまで考えて、ようやく何を目標にすべきか決めます。大事なことは、達成することが、数値目標達成と因果関係が強いことです。データなしで行動を決めることは、地図なしで行く先を決めるようなものです。効率よく目的地に着く可能性は高くないでしょう。

客単価を上げることが課題であるとすれば、上司の頭にはこんなことが浮かぶでしょう。「客単価を上げるには、より価格の高いものに買い替えてもらう（アップセリング）か、またはよりたくさんの品数を買っていただく（クロスセリング）があるな」

その前に考えなければならないのは、「どのお客様の客単価を上げるか、あるいは必要か」です。ここで見るものは、横軸がポテンシャル（お客様の総支出額または支出の可能額）、縦軸が顧客シェア（お客様の総支出の中で、自社がいただいている割合）のマトリックスです。

ポテンシャルは大きいが、顧客シェアが低いお客様（右下のお客様）であれば、クロスセリングを考えます。現在お取引いただいている商品のほかに、「他社から購入しているものは何があるか」「自社の製品で代替できるものは何があるか」と部下に質問してください。

図16　売上の方程式（2）

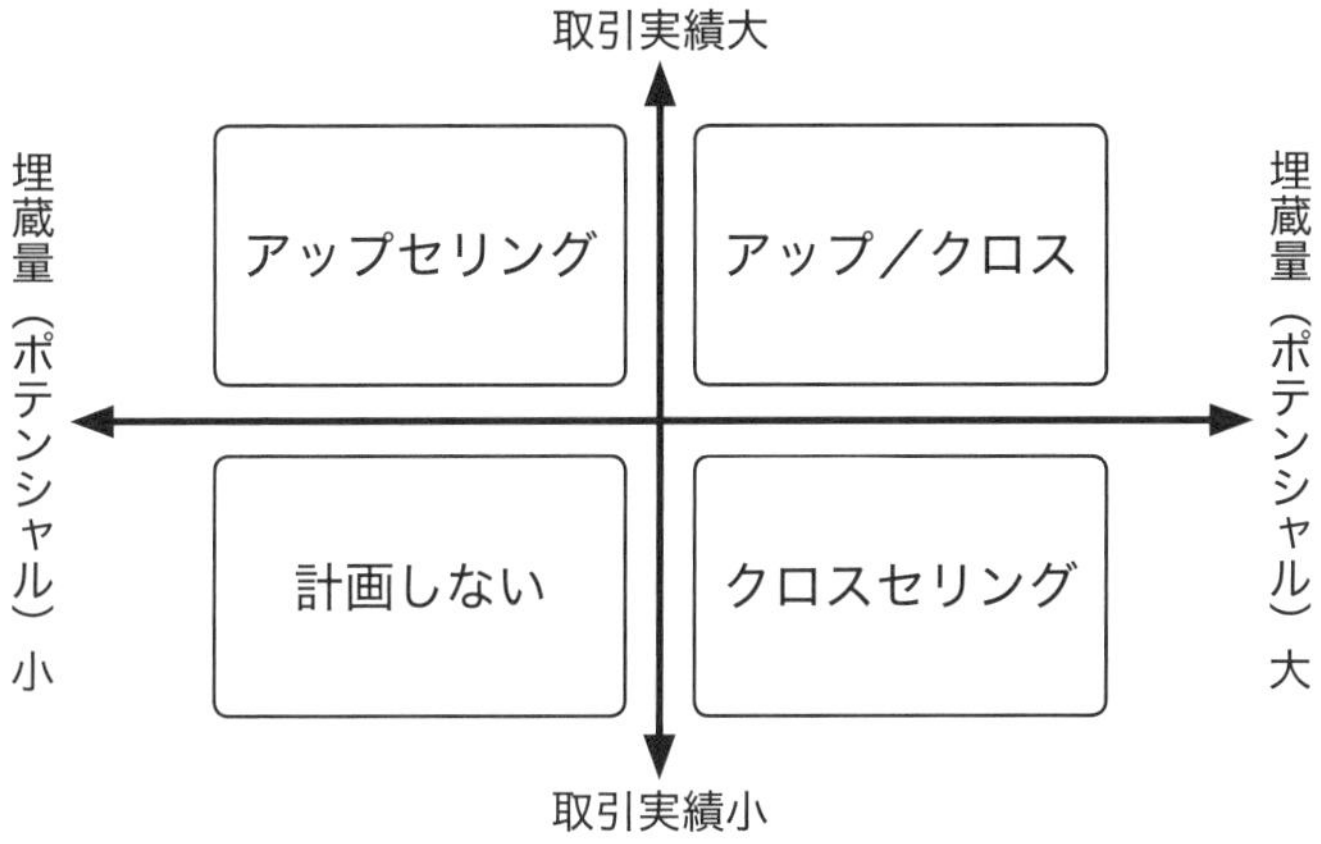

この顧客群は難しい、敷居が高くて訪問も十分ではないでしょう。担当者との関係も十分でなく、意思決定者との関係はさらに希薄で、情報も少ないです。訪問と関係や情報は〝ニワトリとタマゴ〟です。どこかで変えなければなりません。

反対にポテンシャルは低いが顧客シェアが高いお客様（左上のお客様）には、アップセリングを考えます。自社にとってありがたいお客様ですが、大きく成長する可能性は期待できません。既存顧客の中で、顧客シェアの高いお客様のリストを準備してもらいます。

その上で「その中で買い替えが期待できるお客様はどこか」と問いかけます。

このお客様も決して簡単ではありません。関係ができすぎてしまって、部下は営業しにくくなっています。情報は十分にあります。腰が引けずに提案さえできれば、可能性は十分にあります。買い替え時期が近いお客様のリストを確認してもらいます。

整理します。ここまでに挙げた目標は、言ってみればボーリングのレーンにつけた三角形の印（スポット）です。みなさんも一度ならずボーリングはなさったことがあるでしょう。ボールを投げるときに狙う印です。何を狙うかを部下に考えさせるのです。

なぜスポットがあるのかというと、ピンを直接狙ったのでは、正確に投げることが難しいからです。距離も遠く、狙うべき的が漠然としています。正確に投げるには、もっと近いところに狙いやすい的を設定することが必要なのです。売上高はスコアのようなものです。

射撃も同じです。遠くの的を見て引き金を引くのではなく、目の前にある照準と照星を合わせて狙いを定めます。何でも同じです。売上を見て仕事をするのでなく、それを達成するための身近な的を設定して、それを狙うことで結果として目標を達成するのです。

今度は、今までに挙げたような目標を達成できるために、部下が自分の仕事のどこを変えればいいかを考えるための指導場面です。部下がより大きな成果を上げるためには、より良い仕事をする、つまり「仕事の質」を上げることが必要です。

目標-2　仕事の質を上げる

〝仕事の質を上げる〟という言葉はよく聞きます。私の部下にも、現在お手伝いしている会社の営業パーソンにも、「私は量で仕事をしません。質の高い仕事をします」と言う人がいます。しかし、本当にそれができているかというと、必ずしもそうではありません。

「なぜできないか」と考えたことがありますか。簡単なことです。「よい仕事」「質の高い仕事」を定義できていない。つまり、「仕事の質を測る物差し」がないからです。仕事の質を上げるためには、何をもって「質が高い」とするかを決めることから始めます。

仕事においては、必ずいくつかの確率の結果で、成果が決まります。特に営業はそうです。たとえば、新規顧客を開拓する営業を見てみましょう。①営業対象のリストを作成する、②電話でアプローチする、③初回訪問する、④継続的に商談する、⑤見積もりを提案する、⑥受注する、というモデルを考えてみましょう。

ほぼこれに当てはまる方は、考えてみてください。

1　電話でアプローチして、「どうぞいらしてください」と言っていただける確率は何％か

2　初回訪問して、「また来てください」と次回の訪問につながる確率は何％か

3　商談に進んで、「企画・見積もりを出してください」と言っていただける確率は何％か

4　見積もりを提出して、「それじゃあ、お願いします」と言っていただける確率は何％か

図17 データから行動目標を立てる

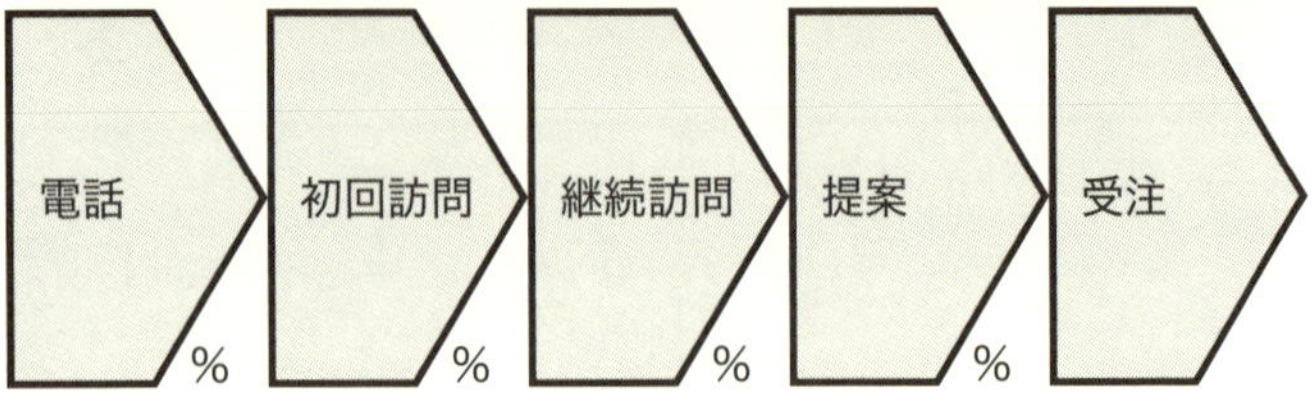

もし、今のままの確率であったとして、あなたが年間で20件（平均的な金額）の受注をするためには、何軒の見積もりを出せばいいですか、継続商談の必要件数は何件ですか、新規訪問の必要件数は何軒ですか、必要な電話件数は何件ですか。

次に、現状では、ボトルネック（確率がほかに比べて著しく低いところ）はどこですか。その確率を何%にできれば、他の確率が今のままで、目標を達成できるでしょうか。そのためには、その一つ前のプロセスで、何を変えることが効果的だと思いますか。

社内でそれぞれの確率が一番高い人は誰ですか。それぞれ何%ですか。彼らはそれぞれの場面でどんな工夫をしていますか。もし、それぞれの確率を、社内で一番高い人達の水準にできたとすれば、君は新規の顧客を最大で何件獲得することができますか。

部下に質問してみてください。もし答えられないようであれば、データを見て考えてもらいましょう。このように、フレームワークを使ってコーチすれば、部下も〝何を考えるべきか〟がわかるようになり、自分でその視点を持つようになっていきます。

64

難しさはお客様にあるのではない。部下の思いこみにある

お客様と合意した問題に対する〝あったらいいなを提案する〟ことが重要です。お客様が「そんなものがあるの？　それなら提案してくれないか」と言ってくれるものです。私はこれを〝あったらいいなを提案する〟と言っています。部下にその点をコーチしてみましょう。

以前、私は20年間、国際教育というジャンルの仕事に従事していました。１９９０年代ですが、海外の高校に1年間留学すれば国内の高校に就学したと同等とみなされるという文科省の決定で、高校留学が盛んでした。同時に英語の運用能力が身につくので、私立の高校では1学年全員が1年間留学するという取り組みが行われていたころです。

仕事は、学生や生徒を海外に派遣する企画を学校に営業するのですが、現場の反応は「英語の力はつくかもしれないが、1年間日本で勉強しないことは問題だ」「効果はあるかもしれないが、費用がかかりすぎる」などの問題を指摘し、結果として「海外に行くのは夏休みだけ、成果は小さいかもしれないけどそれが現実的」となかなか首を縦に振りません。

それに対して、どのように「あったらいいな」を提案できるかが問題なのですが、部下はただ、「なかなか難しいです。簡単には決まりません」と言うばかりです。それに対して、部下に何を質問するべきでしょうか。私がまず尋ねたことは、「お客様はためらう理由を具体的に何と仰ったの？」

「日本での授業を受けられないことと、費用が高いために全員に参加を強制することはできないとおっしゃっていました」「もちろん英語の学習効果は理解していらっしゃいます」。

「問題は日本の授業が受けられないことで受験に響くことと、払えない人がいるということなんだね」「つまり、英語学習の効果は1年間留学と同じで、その上に日本の授業も受けることができて、費用も1カ月海外に行くのとあまり変わらない。そんな企画があればいいんだね」

「費用の上限は尋ねたかい」「期間は最長でどれくらいまで可能なの」「すぐに確認してご覧」。

結果として7月から8月にかけて2カ月間、海外の大学で週に25時間、２カ月で２００時間の授業を受ける、費用は1年間の２００万円に対して約60万円。多くの学校で採用していただきました。

65

それはあなたじゃありませんか？

クライアントは、ある食品メーカーで部下を３人だけ持っている営業マネジャーです。

以前は固定の得意先からの注文に応えるだけで良かったのですが、市場環境は大きく変化しており、新規の顧客を開拓しなければならなくなったようです。相談は何かと言うと、この新規顧客を獲得する作業が、会社が求めるようなペースで進まないことです。

「新規顧客は毎月何軒獲得できればいいのですか？」と私。

「一人毎月３軒です」と彼が答えます。

「すると、年間では何軒になるのですか？」と私。

「毎月一人３軒×４人×12カ月＝１年間では１４４軒です」と彼が答えます。

「それで現在は何軒くらいがとれているのですか」と私。

「昨年の実績で10軒～20軒くらいです」と彼。

「正確には？」

「わかりません」

「いずれにしても目標には全然届かないということですね」

「はい、そうなんです。それをなんとかしたくて……」

「何がその問題の原因だと考えることができますか。思いつくだけ挙げてみてください」

しばらく沈黙した後で、色々な理由を挙げはじめました。中でも部下のモチベーションが低いことが最大の原因と考えているようでした。

「そうですか。それは難問ですね。人の気持ちを変えることほど難しいことはありません。それより自分の問題について考えてみませんか」と私。続けて「あなたが毎月3軒獲得すれば年間で36軒は獲得できますね。あなたもできていないのですね」とたたみかけます。「あなた自身がやってないことを部下がやるはずがないでしょう。私にはやる気がないのは部下じゃなくてあなた自身のように見えますがいかがでしょうか」。

ここでようやく白状します。

「そうなんです、自分自身が何をどうしたらいいかわからないんです」

話を聞いていれば、相手の表情や声のトーンなどから「何か隠しているな」とか、「自分にお鉢が回るのを避けているな」とわかります。そこを突いて、一気に前に進めることができます。「こんなに言われたのは初めてです」と驚きながらもさわやかな表情で帰って行きました。

66 問題解決は事実から

「売上高が減少している」とします。よくあるのですが、ここでいきなり「なぜ？」に飛びついてしまうと大間違い。まずは「何が起きているのか」を確認することから始めましょう。そんなとき、たとえば「５Ｗ２Ｈ」から「Why と Who」を除く、「３Ｗ２Ｈ」で考えると便利です。

上司が部下に質問することには、以下のようなものがあります。

【Where】

「どこで売上高が減少しているの」か。「どこ」の意味はいろいろあります。たとえば、「上位20％の顧客、Ａランク顧客、ヘビーユーザー」などの顧客ランク。「都市圏の顧客、郊外の顧客」などの地理的な分類、また「製造業、サービス業」などの業種。「売上高〇〇億円以上の顧客」など規模による分け方もあるでしょう。

【What】

「何が起きているのか」と事実を確認します、「何」の考え方にもいろいろあります。たとえば、「中間の価格帯が売れない、客単価が下がっている」など価格に関すること。「買い替えサイクルが長くなった、他社商品への買い替えが増えた」など買い方が変わったこと。「成約率が低下した、競合の勝率が低下した」など競争に関することもあります。

【When】

これにもいろいろあります、例は割愛しますが、「いつから始まったか」「どんなときに起きているか」「いつも起きているのか、それとも特定のときだけか」「いつ気がついたか」など、問題の発生と時間に関わることも考えなければいけません。

【How】

これも考えさせることはあります。発生のあり様とでも言いましょう。たとえば、「突然始まった」「急に他社に奪われるようになった」「ゆっくりではあるが拡大している」「その傾向が続いているか」「その傾向が広がっているか」など、インフルエンザの報道みたいですね。

「How Much」

ここでは発生の規模や頻度を確認します。「客単価は何％下がったのか」「実際に売上はいくら失ったのか」「何％のお客様が変わったのか」「マーケットシェアは何％失ったのか」など問題の大きさを確認してください。他にも確認することはあります。「価格は平均何％下がったのか」「今危ないお客様は何社あるか」などがあるでしょう。

このように「何が起きているのか」と問題をいろいろな角度から眺めて、「なにが本当の問題か」を考えるのです。そのためには、上司は部下に「事実」を話してもらう必要があります。間違っても部下の憶測や都合のよい言い訳を聞くようなことは避けなければなりません。

たとえば、「おい、一体どうしたんだ。君は何をやってるんだね」などと質問しても意味はありません。必要な情報を間違いなく得られるような質問をすることです。

67

パレート分析（20：80の法則）

非常に多くの営業パーソンが、埋蔵量（ポテンシャル）も売上も少ない顧客に、非常に多くの時間を使っていることには驚きます。これはポテンシャルや売上高と訪問回数を使ったグラフ（散布図）を見ればすぐにわかりますが、日報や週報だけでは見えないものです。

こんな問題が起きる原因は、①行動計画の期間が短い（週間だけ、朝礼で発表するだけ）、②結果報告を受けるだけになっている、③どこで何をするかは個人任せになっている、などです。どこの会社でも同じことが起きるのも驚きですが、気づいていないことにも驚きます。

具体的に何を変えればいいかと言うと、①訪問計画を「年間」⇒「月間」⇒「週間」の順に長い視点で立てる、②日常の指導は「結果報告」でなく「行動予定」に対して行う、③お客様ごとに営業の進め方を一緒に考える、などです。

まずは訪問計画から行きましょう

上司　訪問計画は、年間、月間、週間の順に立てる。年間の計画を立ててくれないか。お客様ごとに、毎月の訪問頻度を考えてくれ。

部下　年間訪問計画ですか。難しいし、意味ないですよ。お客様の数は多いですし、全部に対して計画を立てるなんて非現実的ですよ。それに計画通りになんか行きませんよ。

上司　お客様の数が多いから、年間訪問計画は難しいと思うんだね。僕もすべての顧客に対して必要とは思っていないよ。いつも言っているけれど、目的は何だと思う？

部下　目標達成の確率を上げることです。

上司　そうだったね。パレート分析は覚えているかい？　それにどんな意味があったっけ？

部下　上位20％のお客様で80％以上の売上や利益を上げている……。そうか、すべてのお客様でなくて構わないんだ。上位の行くべきところに確実に行くことが重要ですね。

上司　そういうことだよ。それならできるね。今週中に出してもらえるかな？

部下　はい、大丈夫です。

上司　上位20％の顧客を決めるうえで、大切なことは何だったか覚えているかい？

部下　実績だけではなくて、埋蔵量を考えて上位の顧客を決める。意図した顧客で売上の80～90％を確保するということでした。

上司　その通りだ。よくわかっているね。それじゃあ頼むよ。

部下　はい、わかりました。

68

年間行動計画を立てる

営業パーソンの中には〝行きやすい所にばかり行っている〟人が結構多いです。実際、どこでデータをとっても同じ傾向が出ます。その割には、本当に行くべきところには行っていません。そして、「目の前の仕事で忙しくて、時間がありません」と口をそろえて言うのです。

部下にそんなことを言われて、何も言えなかったことはありませんか。そんなときに考えてほしいのがこれです。3年前に、あるメーカー商社の営業の仕組みを作ったときに行ったことです。「忙しくて報告書も書けない、部下の指導もできない」と言う営業所長に対して行ったのです。

行ってみてわかったことは、〝決して忙しくはない〟ということでした。時間は十分にあったのです。

以下は、「年間行動計画」を立てるためのコーチングのシーンです。

上司　君のお客様の総数は何件だったっけ？
部下　総数ですか、約２００軒です。
上司　すると、管理対象の重要顧客は約40軒～60軒だね。どんな訪問計画を立ててるの？
部下　そうですが、実はまだ立てていません。どうやって立てるのかよくわからなくて。
上司　今時間があるなら、ここで基本的な考え方を整理しておこう。資料を準備して。
部下　はい、わかりました。
上司　まず訪問回数の総数を考えてみようか。君の場合、１カ月に何回訪問できるの？
部下　そうですね、１日５軒として、１週間に５日ですから、１カ月で１００回です。
上司　それで顧客をランクに分けたよね。ＡＢＣランクはそれぞれ何軒だっけ？
部下　Ａが５軒、Ｂが10軒、Ｃが25軒です。
上司　ランク別の訪問頻度はどのように考えているの？
部下　Ａは月に４回、Ｂは月に２回、Ｃは月に１回です。
上司　４×５＋２×10＋１×25＝65。全部で65回は管理先に充てるということだね。
部下　そういうことになりますが、他の顧客への訪問はどうすればいいのでしょう。
上司　残りの35回分を、突発的なことや新しい顧客、その他の顧客に充てるんだよ。
部下　なんか不安があるのですが、大丈夫でしょうか。

図18 行動計画を立てる

	訪問頻度／月	軒数	訪問件数
Aランク	4	5	20
Bランク	2	10	20
Cランク	1	25	25
合計		40	65

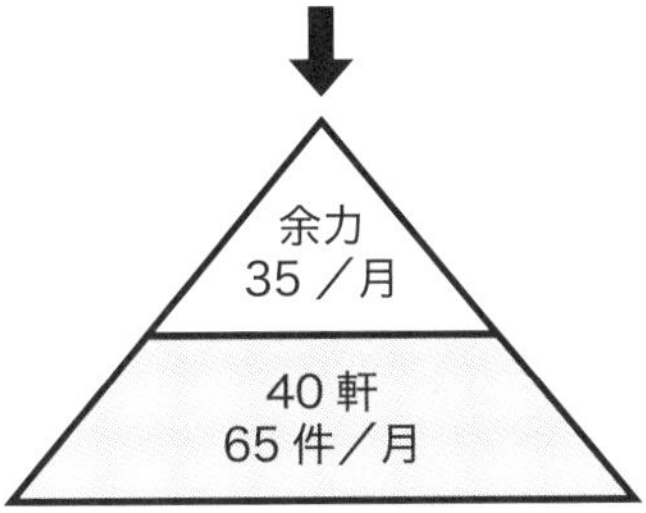

上司　今までと違うからね。明日の正午までに来月の訪問計画を立ててくれないか。

部下　はい、わかりました。

69

新規顧客は何件とればいいの？

営業の目標を立てるときに、注意すべき点が2つあります。1つは、達成したかどうかを判断できることです。そのために必要なことは可能な限り数値化することです。もう1つは、その目標の達成が売上や利益の目標を達成することに間違いなくつながることです。

私が企業で評価者であったときのことです。目標達成度評価の時期になると決まって問題が起きました。その問題は、「達成しました」と部下は言い、「未達成だ」と上司が言うのです。理由は単純です。達成基準が曖昧であったということでした（前述）。

たとえば、売上などの数値目標の他に〝新規の顧客を開拓する〟という目標を掲げたとします。その場合には「新規顧客からの契約を○○件獲得する」あるいは「新規顧客からの売上高を○○円獲得する」など数値化することが必要です（前述）。

一度契約すると、契約を解除しない限り、毎月定期的に売上があがるケースを取り上げてみます。

上司　新規顧客を開拓するということだけど、獲得の目標件数と目標売上高はいくらに設定しているの？　それと、その根拠を聞かせてくれないか？

部下　新規の獲得目標は20社です。これで年間の目標を達成できます。目標は1億円ですが、既存顧客の売上が7600万円ありますので、目標への不足分は2400万円になります。平均の月間売上高が10万円、年間120万円ですから、20社で目標を達成できる計算です。

上司　なるほど、そういうことか。いくつか質問するけど構わないか？　既存顧客の離反率は、平均何％名なの？　昨年、君の顧客で離れたところは？

部下　あります。毎年2～3社は離れています。その分増やせばいいですね。

上司　そうだね。それから契約しても実際に発注してもらえない確率は何％あるの？

部下　計算していません。いくらかはそんなケースも発生すると思います。

上司　それも計算する必要があるね。最後に、契約した場合、年間の取引期間は何カ月あるの？

部下　？？？

上司　年初に契約が取れれば12カ月あるよね。でも最後の月なら1カ月しかないだろう。

部下　そうですね、すると平均6カ月ということですね。それなら必要数は違います。

上司　そうだよ、よく計算して、間違いなく売上目標が達成できるように計算してごらん。

このように、部下は時々大事なことを見落とすことがあります。部下の計算のどこに問題があるかを敏感に察知して、その点を考えるように求めることです。そうすると、次回からは、それを計算に入れて目標設定することもできるようになるでしょう。

70

顧客満足が営業の基本

たとえば〝お客様の満足度を向上させる〟という定性的な目標を掲げたとします。これも問題を引き起こします。数値化されていないために達成したかどうかを確認できないからです。これを目標にするには〝顧客満足度を測るモノサシ〟を決めることです。

市場が縮小傾向にあるため、どこも他社の顧客を奪い取ろうと必死です。一方で守ることも必要です。どこも既存顧客を囲い込む（嫌いな言葉ですが）ことに躍起になっています。そのため、実りのないゼロサムゲームが生まれ、価格競争にもさらされます。

そんな中で勝ち残っていくには、〝お客様にご満足いただくこと〟は欠かせません。どこも「顧客満足、顧客満足」と念仏のように唱えています。しかし、それもどこか空念仏に聞こえるのです。なぜかと言うと、〝そのために何をすればいいか〟がわかっていないからです。

そのとき、「満足したら、お客様はどんな行動をとるだろうか」と考えてみるとよくわかります。

繰り返し利用してくれる、利用の回数が増える、高い商品を買ってくれる、たくさんの商品を買ってくれる、中でも究極は、お客様を紹介してくれる、ことですね。

そんな視点で考えると、どのようなモノサシを考えることができますか。たとえば、〝顧客の離反率を下げる〟あるいは〝顧客シェアを上げる〟〝リピート率を上げる〟〝紹介数を増やす〟などです。そこまでは誰にだってわかります。問題はそのあとです。

いずれもロイヤルユーザー（ファン）になっていただくことで実現できます。AMTULの法則で言えば、「L」、つまり「何でもお宅に任せるよ」と言ってくださるお客様のことです。

上司　企業が成長するためには、お客様の満足が大事だとわかっているね。そこで顧客満足を測る目標を設定してもらいたいんだ。どんなモノサシを使えば測れるだろう。

部下　そうですね、顧客シェアなんてどうでしょうか。満足すれば上がると思うんです。

上司　そうだな、良い視点だよ。どのお客様の顧客シェアを上げるのがいいんだろう。

部下　そりゃあ、埋蔵量（ポテンシャル）は大きいけれど、まだ取引額が小さいお客様です。

上司　その通りだね。まずは、その対象になる顧客の名前を挙げてくれないか。それから、シェアを知るには、分母が必要だね。それぞれの埋蔵量はわかるかい。

部下　……、何とかします。

上司　そりゃ心強い。ところで、顧客シェアを上げるために、絶対に必要なことはなんだい？
部下　もちろん、何度も足を運んで、発注いただけるような関係を作ることです。
上司　よくわかっているね。それじゃあ、明日までに訪問計画まで作って見せてくれないか。
部下　わかりました。

71

仕事の質はこうして上げる

顧客満足度を挙げるためには、「仕事の質」を上げることが必須です。今の仕事で、お客様が離れているなら、今のままを続ければ、もっとたくさんのお客様が離れていくということです。ここでも問題になるのは、〝何で仕事の質〟を測るかです、お客様にとってです。

余談ですが、私の自宅の近くで、こんな看板を見ました。「プロ集団、仕事、必ず満足させます！」。はっきり言って「こりゃダメ」です。間違ってもこんなところに仕事は出しません。なぜって、わかりませんか？　お客様に向って〝満足させる〟なんて不遜です。〝ご満足いただく〟でなければなりません。こんなところに企業の姿勢が透けて見えます。社内の日常的な言葉遣いにも気をつけてください。

〝仕事の質〟を測るモノサシを見つけましょう。たとえば、〝不良品率を下げる〟〝納期を守る〟〝納品のリードタイムを短縮する〟〝修理時間を短縮する〟〝待ち時間を短縮する〟〝見積もり提出から成約までの確率を向上させる〟などです。達成すれば、顧客満足の実現につながるものでなくてはなりません。独りよがりでは意味がありません。

考えるときに役に立つのが、これまでにいただいた苦情です。苦情をいただくということは、仕事の質が悪いということです。「いや、そんなことはない。お客様の方に問題がある」などと言うようなら、仕事は止めた方が良いでしょう。特に営業には向いていません。苦情を丹念に見ていきましょう。改善すべき点が見えてくると思います。

上司　お客様の満足の証として、顧客シェアを上げると言っていたね。

部下　はい、埋蔵量が多くて、顧客シェアの低いお客様が対象です。これがそのリストです。

上司　進んでいるようだね。お客様にご満足いただくには仕事の質を上げることが大事だね。

部下　はい、そうだと思います。

上司　君の場合、仕事の質を測るとすれば、どんなモノサシで測るのが良いと思う？

部下　うーん、ちょっと思いつきません。

上司　そうか、これまでにお客様から苦情やお叱りを頂戴したことは何かあるかい？

部下　はい、お尋ねに対して回答が遅いと言われたことが何度かあります。

上司　なるほど、それじゃあ、それからやってみようか。どの程度に改善すればいいの？

部下　そうですね、必ず24時間以内に回答を出せるようにします。

上司　いいね、そのために君がすべきことや仕事の工夫を明日までに10個考えといて。
部下　10ですか。難しそうですね。自信ないなぁ。
上司　社内でその点が優れているのは誰だろうね。聞いてみたらどうだい。
部下　わかりました、やってみます。

72

ターゲティングする

成果を出せる営業パーソンの特徴の1つが、マーケティング発想を持っていることです。ここで言うマーケティングとは、難しい理屈のことではありません。顧客の立場から考えること、一言で表すなら〝あったらいいなをカタチにする〟ことです。

提案型営業は「あったらいいなをテイアンする」ことです。つまり、営業パーソンが成果をあげるにはマーケティング発想は欠かせないものです。中でも特に営業活動を組み立てるときに役に立つのが、ターゲティング（最大のお客様は誰か考える）です。

そう言うと、必ず出る反論は「初めに商品ありき」。すでにある商品を売らなければいけないのだから、そんな発想をしても仕方ないというものです。本当にそうでしょうか。どんな商品（製品・サービス）も、特定の誰かのために作られたものです。

営業のプロセスの最初に、営業対象リストを作ります。すべての企業に営業をかけるのはあまりに効率が悪すぎます。限りある時間は、できるだけ買っていただけそうなお客様を訪問しなければなりません。モテル男は、〝自分を好きになってくれそうな女性を見分ける〟のと同じです。

私の長年の顧客、前の本にも書いた歯医者さんをお客様にしている会社で、営業の仕組みを組み立てたときのことです。みなさん、全国に歯科医院は何件あるかご存知ですか。約6万7000軒と聞きました。コンビニが4万数千軒ですから、すべて訪問することは効率が悪すぎます。

初回にそのことを聞き、まずは対象を絞り込もうとしました。

私　数千軒のお客様をお持ちですが、何か共通する属性があれば挙げていただけますか。
相手　たとえば、どんなことですか？
私　地域性はありますか。たとえば、都市部、都市周辺、郊外、田舎などです。
相手　そう言えば、都市の周辺の衛星都市が多いようです。
私　なるほど、年齢的なものは何かありますか。
相手　40代〜50代が多いです。
私　他には？
相手　開業して5年以内の歯科医院が多いようです。

図19 P社さんの例（対象顧客は歯科医院）

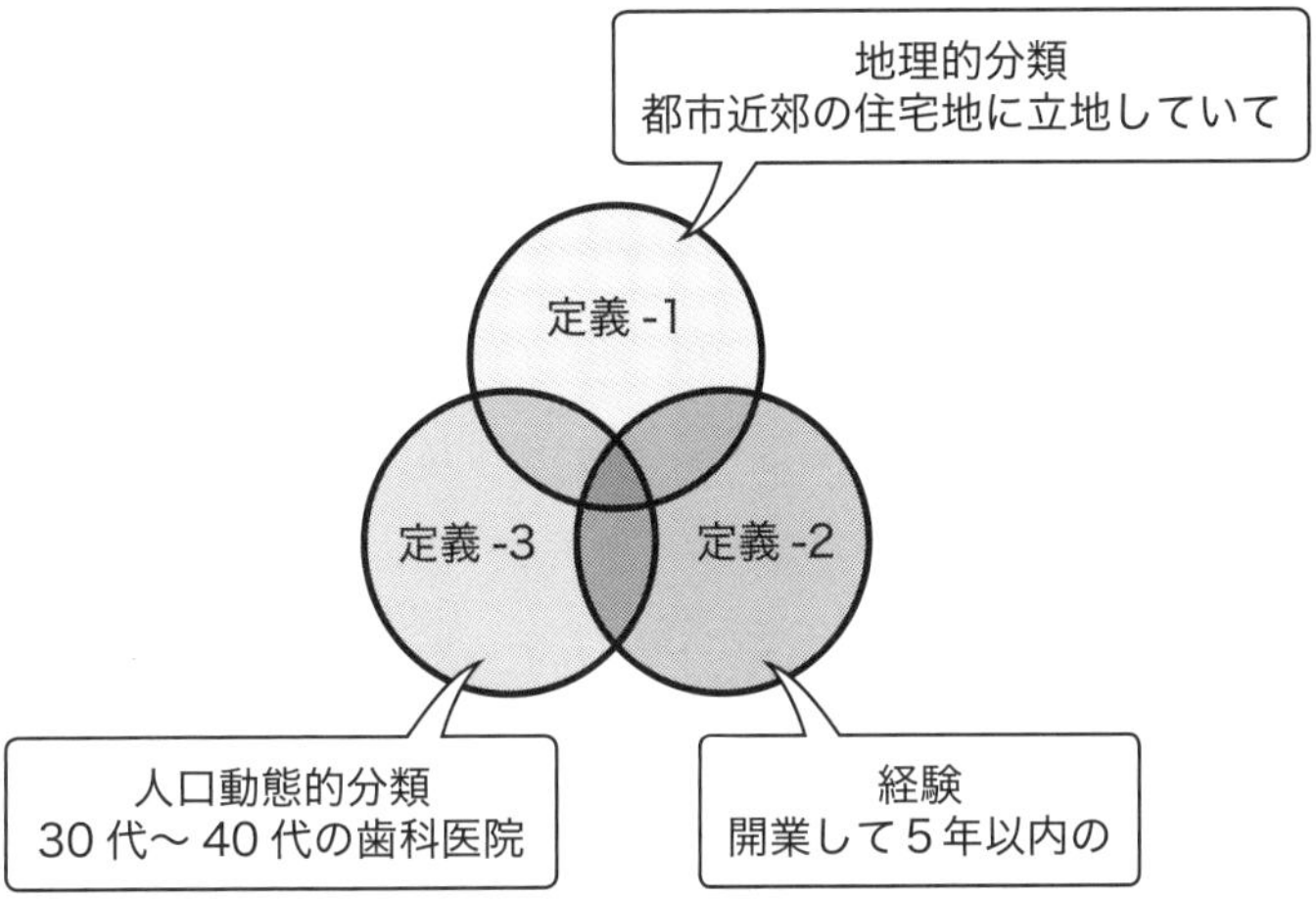

私　都市周辺で、開業5年以内、40代／50代の歯科医院のリストを作ることはできますか？

相手　何とかなると思います。やってみます。

私　それじゃあ、次回はそれを基にして、活動のありかたを考えましょう。

相手　わかりました（口々に）。

あとがき

マネジャーの仕事とは何でしょうか。現役のマネジャーのときに考えるべきでした。そうしていれば、もっと良いマネジャーであったかもしれません。しかし、実際にマネジャーだったときには、毎朝「今日は何をしなければいけないだろうか」と、その時々で必要なことを片づけるのに精いっぱいで、それで仕事をしている気になっていたような気がします。とても優先順位をつけたり、計画的に仕事をすることなど難しかった記憶があります。

机について来年度の目標設定をしよう、達成のための戦略を考えよう、と頭の中では確かにドラッカーの言う「知識労働者」（?）として、高尚な（?）仕事に取り組む自分の姿を描いていたはずです。しかし、実際には、目の前に降っては湧く仕事に振り回されていました。

部下の誰かが不始末を仕出かして、その後始末に時間をとられることもしばしばでした。あるときは、高速道路の料金所で部下が起こした追突事故の相手のお見舞いに、福岡から片道5時間かけて陸の孤島、延岡まで出かけました。それで丸一日がつぶれ、その日の予定はすべてキャンセルです。

またあるときは、鹿児島県の串木野市まで、担当の熊本営業所長に代わってお詫びをするだけのために出張することもありました。長崎にも、北九州にも、宮崎にも、沖縄にもです。大阪に異動したときも、東京にいたときも同じでした。行く先が京都や金沢、岡山、高知、あるいは仙台や札幌に変わっただけです。

その他にも予定を狂わせるできごとはあります。遠方から急にお客様がいらっしゃることもあれば、提携先のそれなりのポジションの方の来訪を受けることもあります。わざわざいらした方のご挨拶を受けないわけにはいきません。そうなれば仕事は中断します。

昼時であれば食事をご一緒することもあります。日ごろお世話になりながら、礼を失するようで、部下に任せるわけにもいきません。

他にも、本社から突然書類の提出を求められることもありました。同じデータなのに、違った切り口で報告を求めるのです。ＳＦＡだって入っていました。毎週の報告も決まったフォームで詳しくしていました。それでも気まぐれな上司が、別のことを知りたがるのです。みなさんも憶えがあるのではありませんか。どこにでもある話だと思います。

そうなんです。マネジャーなんてスイーパー（掃除屋）です。どんなに緻密な計画を立てたって、その通りに進むことなんて宝くじに当たるようなものです。あるときは「辞めたい」という部下の話を長々と聞き、あるときはうまくいかない仕事の言い訳を聞きます。

そのくせ、来週の予定、来月の予定が埋まっていないと、何とも言えず不安になるのです。

つくづく不思議な生き物です。うまくいかなくてもやっぱり予定は必要です。優先順位をつけて、やることとやらないことを決め、綿密に予定を立てたけど、うまくいかなかった。そのことと、優先順位もつけず、すべきこととそうでないことも仕分けることなく、目の前の仕事だけ片づけているのでは違います。

結果はどうであれ、マネジャーは本来の仕事に取り組むことを第一義にしなければなりません。

冒頭に書いたように、私は現役のときにそのことを考えるべきでした。その経験と苦い思いがあるからこそ、現在営業マネジャーの職にある方やこれから就く方々が同じ轍を踏むことのないようにとの思いで書きました。

誰のものか忘れましたが、「普通の人は自分の経験から学ぶ、賢明な人は他人の経験から学ぶ」という言葉を目にしたことがあります。

読者のみなさまには、ぜひ私の拙い経験と、本書で引用した多くの書籍や映画の中から、何がしかのヒントを得ていただければ幸いです。

今年も早くも3カ月が過ぎ、新年度に入りました。営業に携わるみなさま、マネジャーのみなさまが何かに気づき、それが業績の向上につながることを祈念します。

本書の執筆にあたり、機会を与えてくださった総合法令出版の田所様には、この場を借りて心よりお礼を申し上げます。

２０１２年４月21日

長田周三

【著者紹介】

長田周三（ながた・しゅうぞう）

BOND 大学大学院 経営学修士課程修了（MBA）
㈱ビズ・ナビ＆カンパニー　取締役
山口県下関市出身。47 歳で独立するまでの 25 年間、職業経験は営業職・営業管理職だけという「営業フリーク」。海外の教育を日本の大学や高校に提供する㈱アイエスエイにおいて、20 年にわたり営業、営業所長、支社長、営業本部長など 47 都道府県で営業と営業指導にあたる。業界最大手企業を競合に、九州全域で 70％近いシェアを持ち続け、名前を聞いただけで競合が逃げ出す「伝説の営業マン」と言われたほど。在職中、バークレー、ロサンゼルス、シアトル、バンクーバー、ホノルル、シドニー、ケンブリッジなどに延べ約 4 年間駐在し、現地教育機関との交渉や顧客サービスにあたる。2000 年に独立し、現在コンサルタント、研修講師として活躍中。中小企業大学校、（社）日本経営協会などの研修講師を務める。専門領域：営業マネジメント、提案型（解決型）営業、マーケティング、セールスコーチング、目標管理、チームビルディング、一般的管理者研修など。「高度な内容をわかりやすく講義する」ことで定評がある。著書に『ドラッカーが教える営業プロフェッショナルの条件』、共著に『営業マネジャーの教科書』『ドラッカーが教える問題解決のセオリー』（以上、すべて総合法令出版刊）がある。（財）生涯学習開発財団認定コーチ、プロセスマネジメント大学講師

■株式会社ビズ・ナビ＆カンパニー
中堅・中小企業の経営を支援するコンサルティング会社。コンサルティングやセミナーを通じて、効率的で効果的な「営業の仕組み作り」「マーケティング支援」、そして「人材育成」を行い、企業の業績向上をバックアップしている。
〈公式 URL〉 http://www.biznavi.co.jp/

プロフェッショナルなチームをつくる
営業マネジャーの仕事術

2012年6月9日　初版発行

著　者　長田周三
発行者　野村直克
発行所　総合法令出版株式会社
〒107－0052　東京都港区赤坂1-9-15 日本自転車会館2号館7階
電話　03-3584-9821（代）
振替　00140-0-69059

印刷・製本　中央精版印刷株式会社

落丁・乱丁本はお取替えいたします。

ISBN 978-4-86280-310-8

総合法令出版ホームページ　http://www.horei.com/

総合法令出版の好評既刊

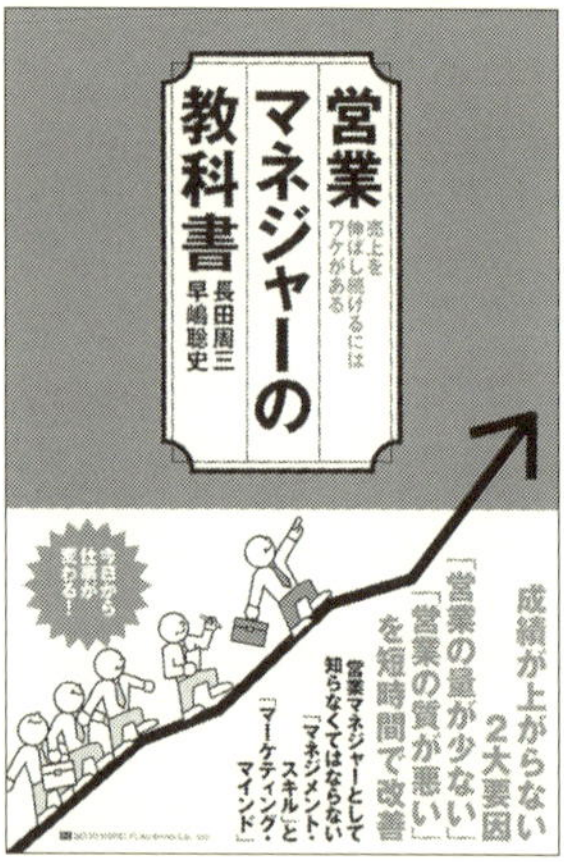

営業マネジャーの教科書

売上を伸ばし続けるにはワケがある

長田周三+早嶋聡史　［著］

四六判　並製　　定価（本体1300円+税）

本書は、営業チームを率いるマネジャーを対象に、売上を伸ばすために必要なスキルとノウハウ、マインドを分かりやすく解説した教科書。営業成績が振るわない理由を、「量が少ない」か「質が悪い」かのいずれかとした上で、営業マンとして本来やるべきことをやるべき方法で十分に行えば、短時間で高い成果をあげることができるとする。そして、営業管理者に必要十分な条件は、マネジメントスキルとマーケティング・マインドであるとし、豊富な営業経験に基づいてそのエッセンスを平易に解説する。